Was ist wichtig im Leben?

Das große Wertebuch für Kinder und Eltern

Laura Blanco – Sílvia Carbonell
Illustrationen von Rosa Maria Curto

Aus dem Spanischen übersetzt und
frei bearbeitet von Anima Kröger

Originaltitel: Actividades en familia, Editorial Molino, Barcelona
© by Gemser publications, Teià (Barcelona), 2002
Illustrationen: Rosa Maria Curto

Für die deutschsprachige Ausgabe:
Was ist wichtig im Leben?
Das große Wertebuch für Kinder und Eltern
Aus dem Spanischen übertragen
und neu bearbeitet von Anima Kröger

2005 Velber Verlag
© Family Media GmbH & Co. KG
Freiburg im Breisgau

Produktion: smp – schmidt media production, Freiburg
Druck: EUROLITHO, Italien

ISBN 3-86613-248-4

Inhalt

1 Freunde 10
2 Ich freu mich! 12
3 Das gefällt mir 14
4 Übung macht den Meister 16
5 Wunder der Natur 18
6 Jeder ist wertvoll 20
7 Ich hab dich lieb! 22
8 Nur Mut! 24
9 Ich denk an dich 26
10 Echt und einmalig! 28
11 Versprochen! 30
12 Mir gehts gut 32
13 Das kann ich alleine 34
14 Wir vertrauen uns 36
15 Komm, wir teilen 38
16 Aufgepasst! 40
17 Neues entdecken 42
18 Ich setz mich ein 44
19 Mund auf! Ohren auf! 46
20 Bitte und danke! 48
21 Liebe zur Natur 50
22 Das macht Spaß 52
23 Die Welt ist bunt 54
24 Ganz ehrlich 56
25 Für dich! 58
26 Schön, dass du da bist! 60

27 Nicht schummeln! 62
28 Was ist gerecht? 64
29 Stück für Stück 66
30 So frei! 68
31 Ich komm ja schon! 70
32 Nicht zappeln! 72
33 Frieden! 74
34 Auf den zweiten Blick 76
35 Bin schon da! 78
36 Schau links, dann rechts 80
37 Das merk ich mir 82
38 Vertragen wir uns? 84
39 Gemeinsam stark 86
40 Streit schlichten 88
41 Respekt! 90
42 Mitgedacht 92
43 Ich bin gut! 94
44 Gönnen können 96
45 Da steh ich drüber! 98
46 Komm, ich helf dir! 100
47 Guten Appetit! 102
48 Meins und deins 104
49 Zum Glück! 106
50 Herzlich willkommen 108

Vorlagen 110

Vorwort

Was ist wichtig im Leben? Freundschaft, Liebe und Vertrauen,
Freude, Mut und Selbstbewusstsein, Höflichkeit, Respekt, Toleranz
und Hilfsbereitschaft ...

Je früher Kinder ein Bewusstsein dafür entwickeln, wie wichtig
Werte für ein harmonisches Miteinander sind, desto besser
werden sie sich in der Welt, in die sie hineinwachsen, zurecht-
finden. Werte machen das Leben einfacher und das Zusammenleben
schöner. Zu Hause, im Kindergarten, in der Schule, unter Freunden
und Fremden: Kinder brauchen Werte – Werte geben Halt!

Dieses Buch richtet sich an Kinder und an Erwachsene, die mit Kindern
leben, die Kinder erziehen und die Kinder auf ihrem Weg begleiten.
Fünfzig Kapitel regen dazu an, Kindern Werte spielerisch nahezu-
bringen: Kleine Geschichten, Gedichte und Lieder, Fragen, zahlreiche
Bilder, Spiele und vielfältige Beschäftigungsideen fordern Kinder auf,
Werte zu entdecken, deren Bedeutung zu erfahren – und zu begreifen.
Gezielte Fragen bieten Anlässe zum Nachdenken und zum Gespräch:
Hier kann die Begleitung durch ältere Geschwister oder Erwachsene
besonders wertvoll sein.

Viel Freude dabei!

1 Freunde

Die Kinder spielen im Garten Fußball. Lukas und Felizia spielen gegen Leon und Lisa. Es steht zwei zu drei für Lukas und Felizia. Leon ist am Ball. Er prescht vor und schießt. „Tor!!!", ruft er. Lukas ist sauer. „Das war überhaupt kein Tor! Du schummelst immer! Mit euch spiele ich nicht mehr!" Er nimmt den Ball und will gehen.

Kinder erleben manchmal in raschem Wechsel Freundschaft, Streit und das Ende einer Freundschaft. So ist es für sie wichtig, den Wert echter Freundschaft zu spüren und zu erfahren, dass sie viel für eine Freundschaft tun können.
Die kleine Geschichte, die Bilder, Fragen und Spiele regen Kinder an, über Freundschaft nachzudenken und zu sprechen.

Jetzt du!

✳ Schau dir das Bild an.
Wie könnte die Geschichte weitergehen? Können sich die Kinder wieder vertragen?

✳ Hast du schon Ähnliches erlebt? Habt ihr euch wieder vertragen?

✳ Was gefällt dir an deinen Freunden? Was macht ihr gern gemeinsam?

✳ Manches kann man zu zweit besser als allein. Was kannst du zusammen mit deinen Freunden besonders gut?

✳ Kennst du das Märchen „Die Bremer Stadtmusikanten"? Wenn Freunde zusammenhalten, sind sie richtig stark! In diesem Märchen schlagen sie sogar Räuberbanden in die Flucht.

Das können wir machen

Freunde einladen

Wenn du das nächste Mal Freunde einlädst, verwöhnst du sie so richtig! Vorher räumst du dein Zimmer auf, damit ihr es euch schön gemütlich machen könnt. Bewirte sie mit Obst, Keksen und einem Getränk. Überreiche es jedem persönlich. Anschließend darf jeder Freund mal bestimmen, was gespielt wird.

◉ Ihr könnt euch auch Rätsel stellen.

Erst weiß wie Schnee,
dann grün wie Klee,
dann rot wie Blut,
schmeckt allen gut.

[Kirsche]

◉ Hast du noch mehr Verwöhnideen?

Spielen

Wir gehen auf die Reise

◉ Wir wollen mit unseren Freunden verreisen. Alle sitzen im Kreis. Der erste Spieler sagt: „Ich gehe auf die Reise mit Pauline." Der nächste Spieler wiederholt den Namen und fügt einen neuen hinzu, beispielsweise: „Ich gehe auf die Reise mit Pauline und mit Sophie." Der Nächste fügt den Namen eines weiteren Freundes hinzu, zum Beispiel Valentin. Wer die Namensreihe unterbricht oder nicht weiter weiß, legt ein Pfand in die Mitte.

◉ Am Schluss spielt ihr der Reihe nach: „Was soll das Pfand in meiner Hand?"

2 Ich freu mich!

Froh zu sein, bedarf es wenig.
Und wer froh ist, ist ein König.

Tim und Anna singen das Lied am liebsten gemeinsam. So klingt es schöner und es macht mehr Spaß. Kennst du das Lied auch? Singe es zusammen mit deiner Familie oder mit deinen Freunden im Chor und im Kanon.

> Oft singen wir, weil wir fröhlich sind. Gemeinsam singen verbindet.
> Dabei erfahren Kinder, wie wunderbar es ist, etwas gemeinsam zu tun und die Freude darüber zu teilen.

Jetzt du!

✱ Singen kann fröhlich machen. Probiere es aus!

✱ In dem Lied heißt es: „Und wer froh ist, ist ein König." Wie ist das zu verstehen?

✱ Kennst du das Märchen von „Hans im Glück"? Er macht aus allem das Beste. Er bekommt einen Klumpen Gold und tauscht ihn gegen ein Pferd, dann gegen eine Kuh und schließlich gegen eine Gans ein, und jedes Mal ist er froh.

✱ Was gefällt dir besser: durch den Schnee stapfen oder durch Pfützen laufen? Magst du die Sonne oder den Mond lieber? Das Rauschen des Windes oder das Plätschern des Regens? Kuscheln oder kitzeln? Singen oder tanzen? Überleg mal, was dich froh macht.

✱ Wann warst du das letzte Mal glücklich? Warum?

Das können wir machen

Gemeinsam essen

Du kannst dazu beitragen, dass andere sich freuen. Das gelingt schon mit Kleinigkeiten wie Tisch decken. Suche ein schönes Tischtuch aus und schmücke den Tisch mit einer Kerze oder einem Blumenstrauß. Überlege dir, wer wo sitzt. Du kannst Tischkärtchen malen. Richte für jeden einen Teller und Besteck her.

Zum Essen setzt ihr euch alle an den Tisch und genießt für einen Moment den Anblick. Ihr könnt euch an den Händen fassen, einen Spruch oder ein kleines Tischgebet sagen. Guten Appetit!

Basteln

Wir bauen eine Stadt

Mit wenig Material lässt sich eine ganze Stadt bauen. Vielleicht planst und baust du sie gemeinsam mit Freunden oder deiner Familie.

Ist die Stadt fertig, könnt ihr damit spielen und zusammen Spaß haben!

Du wirst merken: Es bereitet Freude, ganz konzentriert bei einer Sache zu sein.

Du brauchst

dünnen Pappkarton mit Deckel, Papier, Bunt- oder Filzstifte, Schere, Büroklammern, Magnete, Klebefilm, Klebstoff

1. Schneide das Papier in der Größe des Kartondeckels zu.
2. Male eine Stadt darauf, mit Häusern und Straßen. Du kannst sie auch aus einem Buch oder einer Zeitschrift kopieren.
3. Das Bild klebst du auf den Deckel.
4. Für jede Spielfigur schneidest du einen Papierstreifen zu, etwa 2,5 x 8 cm. Ziehe ihn durch eine Büroklammer. Biege die Enden des Streifens nach oben und klebe sie zusammen. Male auf beide Seiten einen Menschen, ein Tier oder ein Fahrzeug.
5. Lege die Büroklammer zum Spielen auf eine Straße. Halte einen Magneten unter den Deckel und führe ihn so, dass sich die Spielfigur bewegt.

🌀 Nun kann es losgehen: Laufe Wege ab. Gehe zur Schule, auf den Spielplatz, nach Hause. Deine Spielfiguren erobern die Stadt!

🌀 Spielt zu mehreren. Erkläre einem anderen den Weg. Findet er ihn? Super!

TIPP: In der Schachtel kannst du die Spielfiguren und den Magnetkorken aufbewahren.

3 Das gefällt mir

Die Tante möchte Maria eine Freude machen. Im Schmuckladen darf sich Maria etwas aussuchen. „Das Armband will ich haben! Und das! Und den roten Armreif! Und den gelben auch! Und die Kette", sagt Maria, „dann bin ich die Allerschönste!" ...

Jetzt du!

✱ Mit welchen Spielsachen spielst du oft? Könntest du auf manche verzichten?

✱ Räume deine Spielsachen einmal weg. Womit kannst du jetzt spielen?

✱ Hast du Schmuck? Dann mach ein kleines Experiment: Such ein Schmuckstück aus, das besonders gut zu dir passt: zum Beispiel eine Kette. Betrachte dich damit im Spiegel. Nun ziehst du noch ein Schmuckstück an und noch eines. Und mehr und mehr. Wie siehst du jetzt aus? Wann hast du dir am besten gefallen?

Mehr muss nicht besser und schöner sein. Für Kinder ist es oft nicht leicht, das zu verstehen. Doch der Alltag bietet ihnen immer wieder Möglichkeiten zu erleben, dass weniger manchmal mehr ist, und zu entdecken, was ihnen gefällt und wirklich wichtig ist.

✱ Wenn etwas auffallen soll, so ist es besser, wenn nicht viele ähnliche Dinge drumherum sind. Schau dir Schaufenster an.

✱ Kennst du das Märchen „Vom Fischer und seiner Frau"? Die Frau will immer mehr und mehr haben. Sie sitzt in ihrer Hütte, will erst ein Haus, dann einen Palast. Am Ende ist sie so arm wie zuvor und sitzt wieder in ihrer Hütte. Lies das Märchen und male ein Bild dazu.

was gefällt dir?

◎ Geh spazieren und schau dir in deinem Ort die Häuser einmal genau an. Wie sehen sie aus? Was unterscheidet sie? Entdeckst du alte und neue Häuser? Was gefällt dir und was nicht?

◎ Welche besonderen Gebäude kennst du? Gibt es bei euch eine Burg, ein Schloss, ein Stadttor, einen großen Turm? Wie sieht das Rathaus aus?

◎ Wenn du Kirchen vergleichst, siehst du, dass sie ganz verschieden sein können. Der Stil hat sich verändert.
1 000 Jahre alte romanische Kirchen sind schlicht.
Gotische Kirchen aus dem 13. und 14. Jahrhundert haben viele große Fenster und Portale mit spitzen Bögen und zahlreiche verzierte Türme.
Barocke Kirchen aus dem 17. Jahrhundert sind voller prächtiger Bilder, Statuen, Verzierungen.
Vergleiche die Kirchen unten: Welche gefällt dir besser? Warum?
Frage auch andere, was ihnen gefällt.
Jeder hat seinen eigenen Geschmack.

Basteln

Anziehkleider aus Papier

Auch bei der Kleidung hat jeder seinen eigenen Geschmack. Manche ziehen sich gern einfarbig an, manche bunt, manche finden Rüschen und Schleifen toll. Mit Anziehpuppen und -kleidern aus Papier kannst du ausprobieren, was dir gefällt.

Du brauchst

Pauspapier, weißes Papier, Schere, Bleistift, Stecknadeln, Bunt- oder Filzstifte

1. Pause den Jungen, das Mädchen und die Kleider auf Seite 110, 112 bis 115 ab. Schneide die Formen aus.
2. Lege das Pauspapier auf weißes Papier und zeichne die Formen nach. Du kannst das Pauspapier auch vorsichtig mit Nadeln feststecken.
3. Male alles an und schneide es aus.
4. Jetzt kannst du den Jungen und das Mädchen an- und umziehen. Ganz, wie es dir gefällt.

Tipp: Du kannst noch weitere Kleider entwerfen!

Romanische Kirche

Gotische Kirche

4 Übung macht den Meister

Fischers Fritz fischt frische Fische,
frische Fische fischt Fischers Fritz.

Der Cottbusser Postkutscher
putzt den Cottbusser Postkutschenkasten.

Zungenbrecher sind Julias Stärke. Die kann sie ganz schnell aufsagen. Wenn sie nur auch schon so gut Geige spielen könnte! Dafür übt sie. Nicht stundenlang, aber regelmäßig. Mit der Zeit merkt sie, dass sie immer besser wird. Julia ist stolz und freut sich!

Kinder sind oft ungeduldig, wenn etwas nicht auf Anhieb gelingt. Aber das Beherrschen eines Instruments braucht ebenso wie Fußballspielen oder Jonglieren Zeit. Für sie ist es wichtig zu erleben, dass Können sehr viel mit Übung zu tun hat. Darum sind auch kleine Erfolgserlebnisse von Bedeutung: Sie belohnen, bestärken und zeigen, dass sich Geduld lohnt. Denn das Gefühl, etwas zu können, ist toll!

Jetzt du!

* Kennst du die Sprichwörter „Übung macht den Meister", „Ohne Fleiß kein Preis" oder „Es ist noch kein Meister vom Himmel gefallen"? Was bedeuten sie?

* Was hast du schon gelernt? Musstest du viel dafür üben?

* Was musst du noch üben?

* Was würdest du gerne können?

* Jeder kann etwas besonders gut. Was kannst du gut?

Das können wir machen

Schokotrüffel

Hilfst du manchmal in der Küche? Es macht Spaß, wenn ein Rezept gelingt. Probier es aus!

Zutaten
200 Gramm dunkle Schokolade (70 Prozent Kakao)
200 Milliliter Schlagsahne
150 Gramm Schokostreusel

Du brauchst
Stieltöpfchen, Kochlöffel, Glasschüssel, Glas mit Deckel, 2 kleine Löffel

1. Zerteile die Schokolade und schmelze sie in der flüssigen Sahne bei geringer Hitze.
2. Verrühre beides zu Creme. Gieße sie in eine Glasschüssel. Wenn die Creme abgekühlt ist, stellst du sie in den Kühlschrank, damit sie hart wird.
3. Schütte die Schokostreusel in das Glas. Nimm ein Löffelchen von der Schokomasse und forme mit dem zweiten Löffelchen eine Kugel. Gib die Kugel in das Glas, verschließe es und schüttle es, bis die Streusel die Kugel umhüllen.

4. Lass die Trüffel im Kühlschrank kalt werden. Besonders schön sehen sie in Papierschälchen aus.

TIPP:
◎ Ihr könnt die Trüffel nach dem Essen zum Dessert genießen. Lasst sie euch auf der Zunge zergehen!
◎ Die Trüffel sind auch ein tolles Geschenk!
◎ Du kannst sie beim nächsten Mal in Sesam, Mandelblättchen oder in Zimtzucker schütteln.

Basteln und Spielen

Geschicklichkeitsspiel

Du brauchst
Knete oder Modelliermasse, Draht, Holzperle

◎ Kannst du den Stab an der Kurvenstrecke entlangführen, ohne sie zu berühren?
◎ Versuche es erst langsam. Schaffst du es auch schneller?

Der Geschicklichkeitsstab
1. Ziehe ein Stück Draht durch die Perle.
2. Biege das Ende des Drahtes so, dass die Perle sich nicht mehr bewegt.
3. Forme das andere Ende zu einem offenen Ring.

Die Kurvenstrecke
1. Forme aus der Knete zwei Würfel.
2. Biege aus dem Draht eine Kurvenstrecke.
3. Stecke den Draht in die Würfel.

5 wunder der Natur

Weißt du, wie viel Sternlein stehen
an dem großen Himmelszelt?
Weißt du, wie viel Wolken gehen
weithin über alle Welt?

Lili liegt in der Wiese und schaut in den Abendhimmel. Über ihr leuchten der Mond und die ersten Sterne. Einmal hat sie eine Sternschnuppe gesehen. Das ging ganz schnell. Lili weiß, dass sie dafür genau hinschauen muss.

Kinder entdecken die Welt mit großen Augen. Sie sind neugierig und leicht zu begeistern, wenn ihr Blick auf die vielen Naturphänomene gelenkt wird, die es um uns herum gibt. So lernen sie, die Natur zu lieben und zu achten und auch, sich im Jahreslauf besser zurechtzufinden.

Jetzt du!

✴ Sei einen Moment still und betrachte den Himmel. Fällt dir auf, wie schön er ist?

✴ Hast du schon einmal versucht, die Sterne zu zählen? Kannst du sie unterscheiden?

✴ Betrachte die Natur immer wieder neu. Nicht nur am Himmel, auch auf der Erde verändert sich einiges im Laufe des Tages und im Laufe des Jahres. Schau dir Gräser, Blumen und Bäume einmal genau an. Was machen die Vögel, die Käfer, die Schmetterlinge …?

Leuchtsterne

Du brauchst

Karton, Pauspapier, Nachtleuchtfarben, Stift, Schere, Pinsel, Klebstoff

1. Male Sterne auf den Karton. Dazu kannst du die Vorlagen auf Seite 111 benutzen. Pause die Sterne dort ab.
2. Schneide die Sterne aus und male sie mit Nachtleuchtfarben an.
3. Wenn die Sterne trocken sind, kannst du sie an die Decke deines Zimmers kleben. Dort leuchten sie im Dunkeln und leisten dir nachts Gesellschaft.

Das können wir machen

Sternengucker

Zusammen mit deiner Familie kannst du an einem wolkenlosen Abend hinausgehen und den Mond und die Sterne betrachten. Das geht besonders gut auf einem freien Feld, da es dort weniger Licht gibt als in der Stadt.

◉ Wie sieht der Mond aus? Ist Vollmond oder Neumond, zunehmender oder abnehmender Mond?
◉ Wo stehen die Sterne? Erkennst du Sternenbilder?

Wenn du magst, nimm eine Taschenlampe, ein Fernglas und eine Sternenkarte mit. Ihr könnt eure Beobachtungen auch in einen Notizblock malen oder schreiben.

Vollmond

abnehmender Mond

Neumond

zunehmender Mond

6 Jeder ist wertvoll

Tobi und David sind ganz unglücklich. „Hans wollte unseren Ball haben", erzählen sie Frau Kroll, „und jetzt spielt er mit den anderen Fußball und wir dürfen nicht mitmachen. Weil wir zu klein sind, sagt er. Und nicht schnell rennen können."

Immer wieder kommt es vor, dass Kinder die Gefühle anderer Kinder verletzen: vor allem die kleinerer und schwächerer. Es ist wichtig, ihnen nahe zu bringen, dass jeder Mensch wertvoll ist. Mehr Rücksicht und Respekt im Umgang mit anderen entwickeln sie, wenn sie lernen, sich immer wieder in andere hineinzuversetzen.

Jetzt du!

✳ Hast du schon einmal etwas Ähnliches erlebt?

✳ Wie könnte die Geschichte mit Tobi, David und Frau Kroll weitergehen?

✳ Warst du auch schon mal unfair, weil ein Kind kleiner oder schwächer war als du? Oder weil es dir nicht sympathisch war?

✳ Mach ein Rollenspiel mit einem Freund: Stell dir vor, du fühlst dich größer und stärker als er. Und kommst dir ganz toll vor. Der andere möchte gern mit dir spielen. Aber du nimmst ihn gar nicht ernst …
Tauscht dann die Rollen. Wie fühlt ihr euch? Spielt anschließend miteinander.

Basteln und spielen

Aschenputtel

Manchmal sind Menschen ganz anders, als wir
am Anfang denken. Das kann an ihrem Aussehen
liegen. Man sagt: „Der äußere Schein trügt!"
Lies das Märchen der Brüder Grimm vom „Aschenputtel". Erst ist sie in Lumpen gehüllt, am Ende
wird Aschenputtel zur Prinzessin!

◉ Kopiere die Schattenfiguren. Oder male eigene
  Schattenfiguren von Aschenputtel, ihren Stief-
  schwestern, der Stiefmutter, dem Prinzen.
  Schneide deine Figuren aus und klebe jede auf
  ein Bastelstäbchen. Jetzt kannst du damit
  Theater spielen. Vielleicht spielt jemand mit.
◉ Lass die Stiefschwestern auftreten.
  Was könnten sie miteinander reden?
◉ Nun treten die Stiefmutter und Aschenputtel auf.
◉ Was denkt Aschenputtel, wenn sie alleine ist?
◉ Was denkt und sagt der Prinz?

Stiefschwester

Stiefschwester

Stiefmutter

Prinz

Aschenputtel

Aschenputtel im Ballkleid

7 Ich hab dich lieb!

Eins und zwei
und drei und vier,
viele Blumen pflück ich dir.
Das wird ein bunter Blumenstrauß,
lauf und bring ihn schnell nach Haus.

Paul ist mit seinen kleinen Schwestern im Garten. Er hat sie sehr lieb und bringt ihnen immer gerne Sachen bei, die er schon weiß. Heute zeigt er ihnen, wie gut er schon zählen und Zahlen schreiben kann. Gemeinsam zählen sie dann die Blumen im Garten.

> Liebe zeigt sich auf ganz unterschiedliche Weise. Kinder erleben Liebe zuerst in der Familie – zwischen Eltern und Kind und Geschwistern … Gerne verleihen Kinder ihrer Liebe Ausdruck.

Jetzt du!

✳ Wen hast du besonders lieb? Warum?

✳ Überleg mal: Wie kannst du Liebe zeigen? Mit einem Kuss, einer Umarmung, einem selbst gepflückten Blumenstrauß … Was fällt dir noch ein?

✳ Hast du schon einmal jemandem geholfen? Du kannst, wie Paul, mit kleineren Geschwistern oder Freunden Zahlen üben. Du kannst einen kranken Freund besuchen oder deinem Papa den Rücken massieren … Was fällt dir noch ein?

✳ Tue einem Freund etwas Gutes, ohne dass du etwas dafür erwartest.

✳ *Grün, grün, grün sind alle meine Kleider,*
grün, grün, grün ist alles, was ich hab,
darum lieb ich, alles was so grün ist,
weil mein Schatz ein Jägermeister ist.

Kennst du das Lied? Singe es und denke dir weitere Strophen aus.

wir drucken

Wenn du jemanden lieb hast,
ist es schön, das auch zu zeigen.
Zum Beispiel mit einem
selbst gemachten Geschenk!

Du brauchst

Stoffstücke oder Küchentücher, Früchte
oder Gemüse (Apfel, Kar-
toffel ...), Stoffmalfarben, Pinsel, wasserfesten Filzschreiber, Zeitungspapier,
Küchenpapier, Messer

1. Lege den Stoff auf das Zeitungspapier.
2. Schneide die Frucht oder das Gemüse
   mitten durch. Das wird dein Stempel.
3. Trockne die Schnittfläche mit einem
   Küchenpapier ab.
4. Trage mit dem Pinsel eine Farbe auf
   die Schnittfläche auf.
5. Du kannst auch mehrere Farben auf-
   tragen.
6. Drücke die Frucht auf das Tuch, und
   lass alles gut trocknen.
   Mit einem wasserfesten Filzstift
   kannst du das Bild weiter ausmalen.

Schenke das Tuch jemandem, den du lieb
hast!

Das können wir machen

Vogelfutter

So wie wir Menschen lieb haben, können wir
auch Tiere lieb haben und es ihnen zeigen.

Beobachte die Vögel in der Natur. Du kannst ein
kleines Vogelbad auf dem Balkon oder im Garten
aufstellen und den Vögeln beim Baden zusehen.
Im Winter, wenn es wenig zu Fressen gibt,
kannst du die Vögel mit Sonnenblumenkernen
füttern oder für sie ein Vogelhaus bauen.

8 Nur Mut!

Anton kann schon gut Fahrrad fahren. Den holprigen Feldweg, auf dem er radelt, kennt er zwar noch nicht und er muss aufpassen. Aber Anton ist mutig und traut sich.

Oft haben Kinder Angst vor Neuem. Unbekannte Orte, Aufgaben und Entscheidungen verunsichern sie leicht. Umso schöner ist es für sie, wenn sie ihre Angst überwinden. Mut hilft, die eigenen Grenzen zu erkennen. Wer sich etwas traut, hat Grund, auf sich stolz und selbstbewusst zu sein. Mut tut gut!

Jetzt du!

❂ Wann bist du ängstlich?

❂ Wofür brauchst du Mut?

❂ Kannst du alleine einkaufen gehen? Vor mehreren Leuten stehen und etwas erklären?
Woanders übernachten?
Auf Bäume klettern?
Über einen Baumstamm balancieren?
Deine Meinung sagen?

*Wenn du Mut brauchst,
stell dich gerade hin,
mach dich groß,
atme tief ein –
und dann los.*

Eine Festung

Du kannst eine Festung für mutige Ritter bauen.
Hier steht, wie das geht!

Du brauchst
Ton und Werkzeuge, um ihn zu bearbeiten,
ein Holzbrett oder festen Karton, Faden, Holzstöckchen, Farben und Pinsel, einen dicken
wasserfesten Filzstift, kleine Pappschächtelchen,
Stroh oder Heu, Schere und Leim

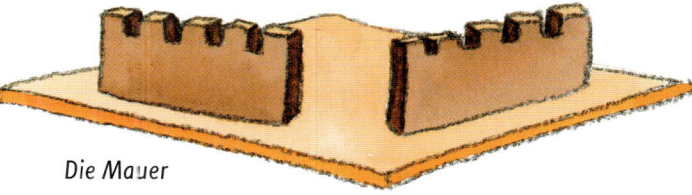

TIPP:
Statt Ton kannst du auch Knete nehmen.

Die Mauern
1. Teile den Ton mithilfe eines Fadens.
2. Forme daraus vier Mauerstücke.
3. Stell sie auf deine Unterlage aus Holz oder
   festem Karton. Drücke sie fest.
4. Forme aus vier Tonstücken Wachtürme.
   Stell die Türme zu den Mauern auf die Unterlage. Verbinde die Mauerstücke mit den Türmen.

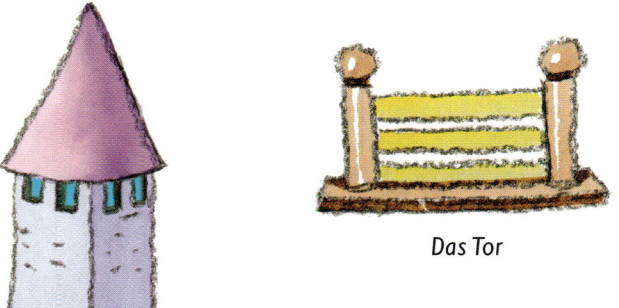

Die Mauer

Das Tor
Stelle links und rechts zwei Holzstöckchen auf
und befestige dazwischen einige Stöckchen
übereinander. Verbinde die Teile mit Tonkügel-
chen. Male das Tor an.

Das Tor

Der Turm

Die Häuser
Male die Schächtelchen an. Male Türen und
Fenster darauf. Schneide das Stroh in Stücke und
klebe es als Dach oben auf die Schachteln. Stell
die Häuser hinter die Mauern auf die Unterlage.

Die Häuser

TIPP:
Mit Spielfiguren kannst
du nun Ritter spielen.

Die Festung

9 Ich denk an dich

Kommt ein Vogel geflogen,
setzt sich nieder auf mein' Fuß,
hat ein Brieflein im Schnabel,
von der Mutter einen Gruß.

Tim macht Ferien bei seiner Oma. Für seine Eltern und Freunde zu Hause hat er Bilder gemalt und Briefe geschrieben. Jetzt bringt er die Post schnell zum Briefkasten.

> Für Kinder ist es wertvoll und hilfreich zu wissen, dass sie mit anderen in Gedanken verbunden sein können, auch wenn sie weit weg sind!

Jetzt du!

✳ Zeige deinen Freunden, dass du an sie denkst. Schicke ihnen einen Brief, male ein Bild oder schreibe ihnen ein Gedicht ins Poesiealbum:

Rosen, Tulpen, Nelken,
alle Blumen welken,
nur die eine nicht,
diese heißt Vergissmeinnicht.

✳ Kennst du noch andere Gedichte über Treue?

✳ Wie kannst du einem kranken Freund zeigen, dass du an ihn denkst?

✳ Kennst du die Geschichte vom treuen Heinrich im Märchen „Der Froschkönig"? Als der König in einen Frosch verwandelt wurde, war sein Diener, der treue Heinrich, so sehr betrübt, dass er befürchtete, sein Herz würde vor Trauer zerspringen. Darum ließ er sich drei eiserne Bande um sein Herz legen. Lies das Märchen. Male ein Bild dazu.

Eine besondere Karte

Überleg dir, wem du gerne eine Überraschungs-
karte schicken möchtest, um zu sagen: Ich bin
mit meinen Gedanken bei dir.
Denk über den Menschen nach und male, schreibe
oder bastle dann eine ganz persönliche Karte.

- ◎ Knobelt der andere gerne? Dann machst du ihm bestimmt mit einem Rätsel eine Freude.
- ◎ Ist der andere romantisch? Schick ein Gedicht.
- ◎ Mag er Geschichten? Denk dir eine aus.
- ◎ Jemand, der gerne reist, freut sich sicher über Fotos aus anderen Gegenden.
- ◎ Jemand, der gerne isst oder kocht, freut sich über ein leckeres Rezept.
- ◎ Mag der andere Bilder? Male eines oder mache eine Collage.

Sicherlich hast du noch mehr Ideen!

Das können wir machen

Liste

Wenn du an deine Freunde und deine Familie
denkst, fällt dir sicher vieles zu ihnen ein.
Überleg mal: Was magst du an ihnen besonders?
Was nicht so sehr? Male oder schreibe deine
Gedanken in eine Liste. Auch wenn uns nicht
alles gefällt, wir mögen die anderen trotzdem!
Die Liste kann so aussehen:

	Gefällt mir	Gefällt mir nicht so gut
Mama/Papa		
Bruder/Schwester		
mein Freund		

10 Echt und einmalig!

Punkt, Punkt, Komma, Strich,
fertig ist das Mondgesicht.
Und zwei kleine Ohren dran,
fertig ist der Hampelmann.

Lara und Alexander malen. Lara ist fast fertig. Alexander weiß heute nicht, was er malen soll. Lustlos schaut er zu Lara und malt nach, was sie malt.
Als beide fertig sind, freut sich Lara über ihr Bild. Alexander hat schlechte Laune, er hat ja nur abgemalt und besonders gut ist sein Bild auch nicht geworden.

> Etwas Echtes wie ein echtes Bild ist besonders wertvoll und mehr wert als eine Kopie.
> Das können schon Kinder erkennen.
> In diesem Zusammenhang können sie sich auch bewusst machen: Jeder Mensch ist einmalig. Ich bin einmalig! Und damit bin ich etwas ganz Besonderes.

Jetzt du!

✱ Betrachte dich im Spiegel. Du bist einmalig auf der ganzen Welt! Du bist etwas Besonderes. Male ein Bild von dir. Auch dieses Bild wird einmalig und besonders sein.

✱ Was ist besonders an deiner Mama? An deinem Papa? An deinen besten Freunden?

✱ Beobachte Leute. Woran erkennst du, ob jemand fröhlich ist? Oder traurig? Male Bilder: Male ein fröhliches, ein trauriges, ein wütendes und ein ruhiges Gesicht. Es kann auch dein Gesicht sein.

Das können wir machen

Ins Museum

Die Bilder, die in einem Museum hängen, sind echt
und einmalig. Jedes ist etwas ganz Besonderes.
Besuche ein Museum. Suche dir ein Bild aus,
das dir gut gefällt. Schau es genau an.

- Ist das Bild groß oder klein?
- Was siehst du darauf?
- Mit was für Farben hat der Maler gemalt?
- Wie sind die Pinselstriche?
- Warum gefällt dir das Bild?
- Wer ist der Maler? Gibt es noch andere Bilder von ihm im Museum?
- Ist das Bild alt?
- Wie sieht der Rahmen aus?

TIPP:
Du kannst das Bild
später mit
dem Foto auf
einer Postkarte
vergleichen.
Du wirst sehen,
das echte Bild
ist schöner!

Malen

Dann mal los!

Nach dem Besuch im Museum kannst du ein
Gemälde anfertigen. Bevor es losgeht, überlegst
du dir, wie dein Bild aussehen soll.

Du brauchst
Keilrahmen aus einem Bastelgeschäft (etwa
25 x 20 cm), Acrylfarben, Pinsel, Wasser,
Tuch zum Reinigen

Male mit Acrylfarben auf die Leinwand.
Wenn die Farbe zu dickflüssig ist, verdünne sie
mit Wasser. Lass das Bild am Ende gut trocknen.

Dein Bild ist einzigartig. Du hast es gemacht!
Wenn du Lust hast, kannst du deinen Namen
darunter schreiben. Bei Künstlern heißt das
„signieren". Dein Bild ist ein echtes Original.

11 versprochen!

Nuria ist sauer. Papa hat fest versprochen, ihr am Abend eine Geschichte vorzulesen. Aber dann kommt er spät nach Hause, ist müde und hat zum Vorlesen keine Lust.

> Versprochen ist versprochen, und Versprechen muss man auch halten. Das gilt für Kinder wie für Erwachsene. Wir alle müssen uns auf Abmachungen verlassen können.

Jetzt du!

✳ Hältst du immer, was du versprichst?

✳ Was tust du, wenn du merkst, dass du ein Versprechen nicht halten kannst?
Sagst du es rechtzeitig?
Entschuldigst du dich?
Was kannst du noch tun?

✳ Im Märchen vom Froschkönig verspricht die Prinzessin dem Frosch, ihn an ihrem Tisch sitzen und in ihrem Bett schlafen zu lassen. Als der Frosch vor ihrer Tür steht, will sie ihn nicht hereinlassen. Da sagt der König, der Vater der Prinzessin: „Was man versprochen hat, das muss man halten!"
Auch auf Prinzessinnen muss man sich verlassen können!

Feierlich besiegelt

Du solltest nur etwas versprechen, wenn du denkst, dass du es halten kannst. Versprich lieber weniger, aber löse es ein.
Ein Versprechen ist etwas Bedeutendes. Um das zu zeigen, kannst du ein Versprechen aufmalen oder aufschreiben.

Du brauchst
Kärtchen oder Pergamentpapier, Siegellack, Kerze, Stifte

Jeder in deiner Familie oder von deinen Freunden macht ein Versprechen und schreibt oder malt es auf. Tragt den Namen und das Datum ein, an dem ihr das Versprechen gebt, und das Datum, bis zu dem das Versprechen eingelöst sein soll.
Dann wird das Versprechen feierlich besiegelt. Dazu erwärmt ihr Siegellack mit einer Kerze oder tropft Wachs auf das Papier.

- Ich verspreche, diese Woche abends den Tisch zu decken.
- Ich verspreche, die Fische zu füttern und das Wasser zu wechseln.
- Ich verspreche, den Müll rauszubringen …

Familienrunde

Beim Essen kann die Familie Wichtiges besprechen. Ihr könnt über die Aufgaben im Haushalt reden und sie aufteilen: Einer kehrt, einer saugt Staub …
Ihr könnt auch besprechen, was ihr am nächsten Sonntag gemeinsam unternehmen wollt:

Vielleicht in den Zoo gehen oder eine Radtour machen?
Gleiches Recht für alle! Kinder und Erwachsene sollten ihre Versprechen einhalten. Dann weiß man, dass man sich aufeinander verlassen kann!

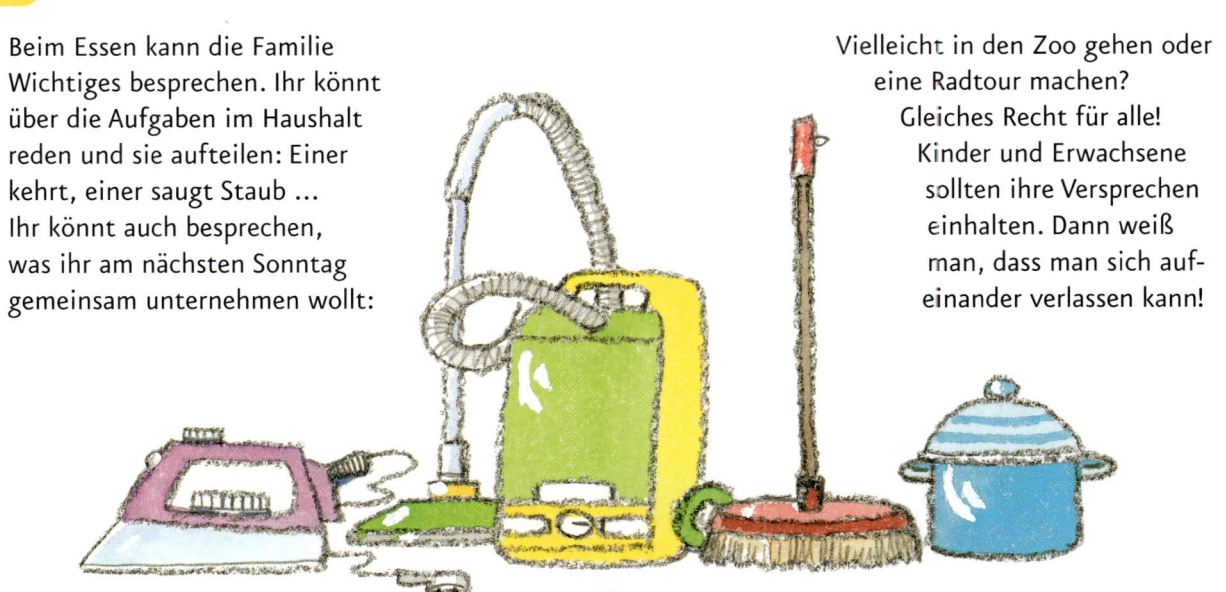

12 Mir gehts gut

*Jetzt fängt das schöne Frühjahr an
und alles fängt zu blühen an
auf grüner Heid und überall.*

*Es wachsen Blümlein auf dem Feld,
sie blühen weiß, blau, rot und gelb,
es gibt nichts Schöneres auf der Welt.*

Die Sonne scheint und Max liegt auf der Wiese. Er riecht das Gras und spürt den Wind. Er sieht die Blumen und die Schmetterlinge und hört die Vögel singen. Max ist froh. Es geht ihm gut!

Manche Kinder lassen sich leicht von materiellen Gütern beeindrucken. Zufrieden werden sie damit nicht. Wirklich reich ist, wer sich an kleinen Dingen erfreuen kann, die es nicht zu kaufen gibt: dem Sonnenschein, der Frühlingswiese, dem Rauschen des Windes, dem Summen der Bienen ... Wer lernt, inne zu halten, aufmerksam und achtsam zu sein, wird viele Augenblicke genießen können.

Jetzt du!

* Lege dich wie Max auf eine warme Wiese. Beobachte die Natur und lausche den Geräuschen. Welche Tiere und Pflanzen entdeckst du?

* Wann hattest du das letzte Mal schlechte Laune? Warum?
  Wie ging die schlechte Laune weg?

* Was macht dich froh? Musik hören? Singen oder tanzen? Ein Buch anschauen? Überleg es dir. Und wenn du wieder schlechte Laune hast, versuch sie zu verscheuchen.

* Lächeln und lachen macht froh. Probiere es aus. Du kannst dabei auch in den Spiegel schauen.

Das können wir machen

Frühlingsgefühle

Plane mit deiner Familie ein Picknick im Freien oder ein gemeinsames Frühlingsfrühstück.
Den Frühling kannst du auch nach Hause holen! Bereite ein paar Dinge vor.

- Du kannst für alle Tischkärtchen basteln.
- Du kannst einen Kuchen backen.
- Du kannst den Tisch und das Zimmer frühlingshaft schmücken: mit echten Blumen, Blüten, Blättern, Gräsern oder mit Schmuck aus Papier.
- Du kannst auf der Wiese oder im Wald Gräser sammeln und daraus ein Frühlings- oder ein Osternest richten.

Basteln

Ein Blumenteppich

Du brauchst

Kreide, Packpapier, Gießkanne, Blumen, Wasser

1. Zeichne mit Kreide ein großes Bild auf Packpapier oder auch im Freien auf den Boden.
2. Bedecke jeden Teil des Bildes mit Blumen einer Farbe. Für eine Taube brauchst du weiße Blumen, für einen Olivenzweig grüne Blätter, für den Hintergrund kannst du gelbe Blumen nehmen.
3. Wenn du den Blumenteppich im Freien legst, dann gieß ihn ab und zu. So halten sich die Blumen länger.

13 Das kann ich alleine

Bruder Jakob, Bruder Jakob,
schläfst du noch,
schläfst du noch?
Hörst du nicht die Glocken,
hörst du nicht die Glocken?
Ding, dang, dong, ding, dang, dong.

Chris ist stolz. Er hat sein Bett heute ganz alleine gemacht. Nach dem Aufstehen hat er das Kissen und die Decke ausgeschüttelt und alles wieder schön hingelegt. Seine Mutter hat ihm gezeigt, wie das geht, jetzt kann er es allein!

> Kindern macht es Spaß, etwas alleine zu können. Und es gibt ihnen Sicherheit. Sie freuen sich, wenn etwas geklappt hat, und gewinnen Selbstvertrauen.

Jetzt du!

✖ Was kannst du schon alleine?
  Kannst du den Tisch decken?
  Brötchen beim Bäcker kaufen?
  Die Zeitung holen?
  Die Uhr lesen?
  Schuhe binden?

✖ Wobei brauchst du noch Hilfe?

✖ Was würdest du gerne können? Kannst du jemanden fragen, der dir zeigt, wie es geht?

Bunte Eier

Es gibt vieles, was du basteln kannst. Und wenn du fertig bist, darfst du stolz auf dein Werk sein! Wie wäre es mit marmorierten Eiern?

Du brauchst

eine flache Schüssel, Wasser, Gläser, Ölfarben, Terpentin, Stöckchen zum Umrühren, Eier, Knete, Zeitung zum Abdecken des Tisches, ein Tuch zum Abwischen der Hände

1. Fülle die Schüssel etwa zur Hälfte mit kaltem Wasser.
2. In jedes Glas kommt eine Farbe.
3. Gib in jedes Glas ein wenig Terpentin und rühre alles um, bis die Farbe cremig wird.
4. Piekse in jedes Ei oben und unten ein Loch. Blase das Ei aus und verschließe die Löcher mit Knete.
5. Tropfe Farben auf das Wasser in der Schüssel und lege das Ei hinein. Puste, damit sich das Ei dreht und ringsherum Farben annimmt.
6. Nimm das Ei vorsichtig heraus und lass es trocknen.

Es ist schön, etwas zu wissen und zu können. Und es ist schön, das Wissen und Können an andere weiterzugeben.

Bunte Eier auf dem Tisch

Decke den Tisch. Stelle an jeden Platz einen selbst gebastelten Eierbecher mit einem bunten Ei.

Du brauchst

Klopapierrollen, Seidenpapier, Klebstoff, Stifte, Schere

Aus den Klorollen kannst du Eierbecher basteln. Schneide jede Rolle in drei Ringe und beklebe sie mit Seidenpapier.

14 wir vertrauen uns

Morgens früh um sechs
kommt die kleine Hex,
morgens früh um sieben
schabt sie gelbe Rüben,
morgens früh um acht
wird Kaffee gemacht,
morgens früh um neun

geht sie in die Scheun,
morgens früh um zehn
holt sie Holz und Spän,
feuert an um elf,
kocht dann bis um zwölf
Fröschlein, Krebs und Fisch.
Hurtig, Kinder, kommt zu Tisch!

Philipp wartet neben dem Telefon. Es ist neun Uhr. Gleich ruft sein Papa an, um ihm eine gute Nacht zu wünschen. Das macht er immer, wenn er nicht zu Hause ist. Philipp kann sich darauf verlassen. Er vertraut seinem Papa.

> Feste Zeiten im Tageslauf und Regeln geben Halt und Sicherheit. Kinder lernen dadurch, Vertrauen zu entwickeln. Und sie lernen, dass es wichtig ist, zuverlässig zu sein, damit andere auch ihnen vertrauen können.

Jetzt du!

✴ Wem vertraust du?

✴ Können deine Freunde dir immer vertrauen?

✴ Bist du schon einmal enttäuscht worden?

✴ Vertrauen in jemanden zu haben, den man nicht kennt, ist nicht gut.

✴ Kennst du das Märchen vom Wolf und den sieben Geißlein? Die Geißenmutter muss das Haus verlassen, um Futter zu holen. Sie vertraut ihren sieben jungen Geißlein und lässt sie allein im Haus zurück. „Hütet euch vor dem Wolf und öffnet ihm auf keinen Fall die Tür!", warnt sie beim Abschied. Aber die Geißlein lassen sich vom Wolf an der Nase herumführen. Sie vertrauen ihm, obwohl sie ihn nicht kennen. Beinahe wäre es schlimm für sie ausgegangen.

wir fliegen

Keiner kann alles alleine machen. Für vieles brauchen wir andere Menschen.
Dabei ist es wichtig, dass wir uns gegenseitig vertrauen können.

Du brauchst
Schals oder Tücher, um die Augen zu verbinden

1. Immer zwei Spieler tun sich zusammen.
   Der eine ist das Flugzeug, der andere der Pilot.
   Legt eine Startlinie und ein Ziel fest.
2. Das „Flugzeug" steht an der Startlinie.
   Der Spieler hat die Augen verbunden.
3. Der Pilot steuert das Flugzeug aus der Ferne,
   indem er ihm zuruft.
4. Vor dem Start verabredet jedes Paar eine
   Geheimsprache.
   Zum Beispiel: Rot: anhalten
                     Grün: vorwärts gehen
                     Blau: rechts gehen
                     Orange: links gehen
5. Damit das Flugzeug sicher ans Ziel kommt,
   muss es sich auf den Piloten verlassen.
   Anschließend tauscht ihr die Rollen.

Brieffreundschaft

Freunden vertrauen wir. Wir wollen uns auf sie verlassen und sie nicht enttäuschen.
Auch Brieffreundschaften sind schön. Hast du einen Brieffreund oder eine Brieffreundin?

Du brauchst
Papier, Briefumschläge, Briefmarken, Stifte, Adressen von Freunden

Schicke deinen Freunden einen Brief. Du kannst ihnen auch ein Bild malen oder dir ein Rätsel für sie ausdenken. Schreibe deinen Namen und das Datum dazu. Lass deine Freunde wissen, dass du dich über eine Antwort von ihnen freust.
Falte einen Umschlag, schreibe die Adresse darauf, klebe eine Briefmarke auf und wirf den Brief in den Briefkasten.
Warte nun auf Antwort! Wenn sie da ist, bist du wieder an der Reihe.

Sammle die Briefe von Brieffreunden in einem schönen Kästchen.

15 Komm, wir teilen

Meine Mi, meine Ma, meine Mutter schickt mich her,
ob der Ki, ob der Ka, ob der Kuchen fertig wär.
Wenn er ni, wenn er na, wenn er noch nicht fertig wär,
käm ich mi, käm ich ma, käm ich morgen wieder her.

Jan strahlt. Er ist zu Besuch bei Oma und Opa. Oma hat seinen Lieblingskuchen gebacken. Jan kann sich gar nicht satt essen. Doch dann denkt er an seine Schwester. Emma konnte nicht mitkommen. Darum will Jan ihr ein großes Stück Kuchen mitbringen. Da freut sie sich bestimmt.

> An die anderen zu denken ist wichtig. Und schon Kinder können die Erfahrung machen: Tun wir etwas für andere, haben wir meistens selbst etwas davon. Das gilt auch fürs Teilen.

Jetzt du!

✺ Teilst du gerne?

✺ Wenn du das nächste Mal Süßigkeiten geschenkt bekommst, teile sie mit jemandem, den du magst.

✺ *Geteiltes Leid ist halbes Leid,*
   geteilte Freude ist doppelte Freude.
   Stimmt das, was dieses Sprichwort sagt? Probiere es aus.

✺ Kennst du das Märchen vom Sterntaler? Ein armes Mädchen hat alles verschenkt, was es hatte, sein letztes Stück Brot, sein Kleid, sogar sein Hemd. Da fielen die Sterne vom Himmel – als goldene Taler.

Die Steinsuppe

Es war einmal ein Soldat. Der kam aus dem Krieg und hatte seit vielen Tagen nichts mehr gegessen. Als er ein Dorf sah, ging er hin und klopfte an alle Türen. Doch die Leute sagten, sie hätten selbst nichts zu essen.

Da sahen ihn ein paar Kinder, die in der Nähe des Brunnens spielten.

„Wer bist du?", fragten ihn die Kinder.

„Ich bin ein Soldat und halb tot vor Hunger. Ich komme aus dem Krieg und gleich werde ich eine Steinsuppe kochen."

„Eine Steinsuppe?"

„Hat einer von euch einen ganz großen Topf und eine Schöpfkelle?"

„Bei uns zu Hause gibt es einen riesigen Topf, ich gehe ihn holen", sagte ein Mädchen.

Sie füllten den Topf mit Brunnenwasser. Dann suchten sie Steine, machten sie sauber und legten sie in den Topf.

Der Soldat entfachte ein großes Feuer und rührte um. Nach einiger Zeit probierte er die Suppe und sagte: „Sie schmeckt gut, es fehlt nur etwas Salz."

Ein Kind sagte: „Bei uns zu Hause gibt es Salz, ich gehe es holen!"

Der Soldat probierte wieder und sagte: „Köstlich, aber wenn wir ein paar Kartoffeln hätten …"

Ein anderes Kind sagte: „Bei uns zu Hause haben wir Kartoffeln! Ich gehe sie holen."

Noch immer fehlte etwas an der Suppe, und die Kinder brachten Brot, Kichererbsen, Öl, Karotten …, bis der Soldat beim Probieren sagte: „Hm, diese Steinsuppe schmeckt köstlich! Geht von Haus zu Haus und sagt allen, dass sie mit Tellern und Löffeln kommen sollen, um unsere gute Steinsuppe zu essen."

Und so kam es, dass in einem Dorf, in dem es zuerst nichts zu essen gab, am Ende alle satt wurden.

Brote und Fische

Du brauchst

Window-Color-Farben, Glasscheibe oder durchsichtige Plastikfolie, um darauf zu malen

1. Lege die Glasscheibe oder Plastikfolie auf die Bilder von Seite 122. Zeichne mit den Window-Color-Farben Brote und Fische.
2. Lass die Farbe trocknen.
3. Ziehe die Bilder vorsichtig ab und klebe sie an deine Fensterscheibe.

Teile deine Brote und Fische mit anderen: Verschenke deine Bilder!

16 Aufgepasst!

1,2,3, alt ist nicht neu,
neu ist nicht alt,
warm ist nicht kalt,
kalt ist nicht warm,
reich ist nicht arm,
arm ist nicht reich,
hart ist nicht weich,
weich ist nicht hart,
grob ist nicht zart,
hier ist nicht dort,
und du musst fort.

Kinder sind neugierig. Wenn sie lernen, ihre Umwelt aufmerksam wahrzunehmen, können sie sich vieles erschließen. Darum ist es wichtig, ihr Interesse immer wieder neu zu wecken. Dann finden sie sich in allen Bereichen des Lebens besser zurecht.

Tom und Andi sind Freunde und sitzen in der Schule nebeneinander. Gerade haben sie Mathe. Aber Tom denkt an das Fußballspiel von gestern. Bald weiß er nicht mehr, wovon die Lehrerin redet. Und er staunt über Andi: Der findet Mathe spannend und macht begeistert mit.

Jetzt du!

✳ Was findest du besonders spannend?

✳ Was beobachtest du gerne?

✳ Kennst du das Grimmsche Märchen „Das Wasser des Lebens"? Nie hätte der jüngste Königssohn das Wasser des Lebens gefunden, wenn er nicht dem Zwerg am Wegesrand Beachtung geschenkt hätte.

Knobeln und basteln

über den Fluss

Wenn du aufmerksam bist, kannst du
jede Menge entdecken. Und du kommst
vielen Rätseln auf die Spur. Probier es
aus!

Ein Mann geht seines Weges. Er hat einen Wolf,
ein Schaf und einen Kohlkopf dabei. Er geht und geht, bis er
zu einem Fluss kommt. Dort gibt es keine Brücke zum Überqueren,
bloß ein sehr kleines Boot, in das nur er und ein Tier hineinpassen.
Wie kann er den Fluss überqueren?
Wenn er die Tiere allein lässt und den Fluss mit dem Kohlkopf
überquert, wird der Wolf das Schaf fressen. Wenn er das Schaf
bei dem Kohl lässt, wird es den Kohl fressen.
Kennst du die Lösung?

Vielleicht hilft es dir, wenn du das Rätsel auf Kärtchen
aufmalst.

Du brauchst
Kärtchen, Schere, Stifte

1. Schneide fünf kleine Kärtchen (8 x 7 cm) und ein größeres
Kärtchen (15 x 7 cm) aus.
2. Auf das größere Kärtchen malst du den Fluss.
3. Auf die fünf kleinen Kärtchen malst du den Kohlkopf,
den Mann, den Wolf, das Schaf und das Schiff.

Bei der vierten Überfahrt nimmt er das Schaf mit. Dann setzt er seine Reise fort. ◎
Bei der dritten Fahrt nimmt er den Wolf mit und lässt ihn bei dem Kohl. ◎
Das Schaf nimmt er mit zurück, damit es den Kohl nicht frisst, und setzt es auf der anderen Seite wieder ab.
Beim zweiten Mal nimmt er den Kohl mit und lädt ihn ab. ◎
Bei der ersten Flussüberquerung nimmt der Mann das Schaf mit. ◎
Lösung:

17 Neues entdecken

Tra-ri-ra, der Sommer, der ist da!
Wir wollen in den Garten
und wolln des Sommers warten.
Ja, ja, ja, der Sommer, der ist da!

Nico hat Lust zu spielen. Und er hat auch
schon eine Idee. Heute spielt der Bär
mit dem Bagger mit dem Auto mit dem
Roboter … Alle zusammen, wie sie in der
Kiste sind. So hat Nico noch nie gespielt!
Es macht ihm riesig Spaß.

Vertrautes gibt Kindern Sicherheit. Dennoch
sollten sie versuchen, immer wieder Neues zu
entdecken und auszuprobieren. Das stärkt ihr
Selbstbewusstein. Und wenn sie Augen und
Ohren offen halten, ist das Leben für sie bunter,
schöner und spannender.

Jetzt du!

✳ Was kannst du alles mit deiner Spielkiste
anfangen, wenn du alleine bist?
Und wenn deine Freunde
kommen?

✳ Tauscht einmal beim
Essen eure Plätze?
Was ist anders?

✳ Schau aus dem Fenster. Jeden Tag gibt es
etwas Neues zu sehen. Was verändert sich?

✳ Wie hast du deine Freunde kennen
gelernt?
Lernst du gern neue Menschen
kennen?

Ein kleines Beet

Alles, was lebt, verändert sich: jeder Mensch, jedes Tier, jede Pflanze. Mit jedem Tag. Halte Augen und Ohren offen, und du wirst sehen, wie spannend das Leben ist!

Umgraben, pflanzen, säen, gießen, jäten und ernten: Das kannst du auch! Lege dir im Garten ein kleines Beet oder auf dem Balkon einen Blumenkasten an. Überlege dir, was du gerne einpflanzen willst: Blumen, Kräuter oder vielleicht Gemüse? Kartoffeln oder Tomaten wachsen im Garten und auf dem Balkon. Natürlich kannst du dich auch um eine Zimmerpflanze kümmern und beobachten, wie sie sich im Laufe der Zeit verändert.

Spielen

Ein Spielenachmittag

Wir treffen uns mit unserer Familie oder mit Freunden zum Spielen. Jeder schlägt ein Gesellschaftsspiel vor, zum Beispiel: Würfel- oder Kartenspiele, Domino oder Gedächtnisspiele …

Sicher kennt nicht jeder alle Spiele, aber das macht nichts! So lernen alle neue Spiele und neue Spielregeln kennen. Natürlich könnt ihr euch auch selbst neue Spiele und Spielregeln ausdenken.

18 Ich setz mich ein

Platsch! Franziska hört, wie jemand neben ihr ins Schwimmbecken plumpst. Es ist Jakob. „Hilfe!", ruft er. Er kann noch nicht gut schwimmen und rudert wie wild mit Armen und Beinen. Der starke Frederik hat Jakob ins Wasser geschubst, das hat Franziska genau gesehen. Vor dem starken Frederik haben die meisten Kinder Angst. Aber das ist Franziska jetzt egal. Es reicht!

> Frederik will stark und mutig sein. Ist er es wirklich? Für Kinder sind Stärke und Mut oft gleichbedeutend mit körperlicher Stärke. Wirklich mutig ist Franziska: Sie setzt sich für einen Schwächeren ein.

Jetzt du!

✳ Was kann Franziska tun?
Sie kann zum Bademeister gehen und ihm sagen, was passiert ist. Was noch?

✳ Wer ist mutiger: Frederik oder Franziska?

✳ Hast du schon einmal Ähnliches erlebt?

✳ Kennst du das Märchen „Des Kaisers neue Kleider" von Andersen? Hier fällt der Kaiser auf Betrüger herein. Sie behaupten, dass sie ihm schöne neue Kleider anziehen. Tatsächlich läuft er aber splitternackt umher. Und weil der Kaiser mächtig ist, sagen alle Untertanen: „Was tragen Sie heute für schöne Kleider!" Nur ein Einziger traut sich, ihm die Wahrheit zu sagen: „Aber Sie sind ja ganz nackt!" Damit beweist er Mut.

Spielen

Hilfst du mir?

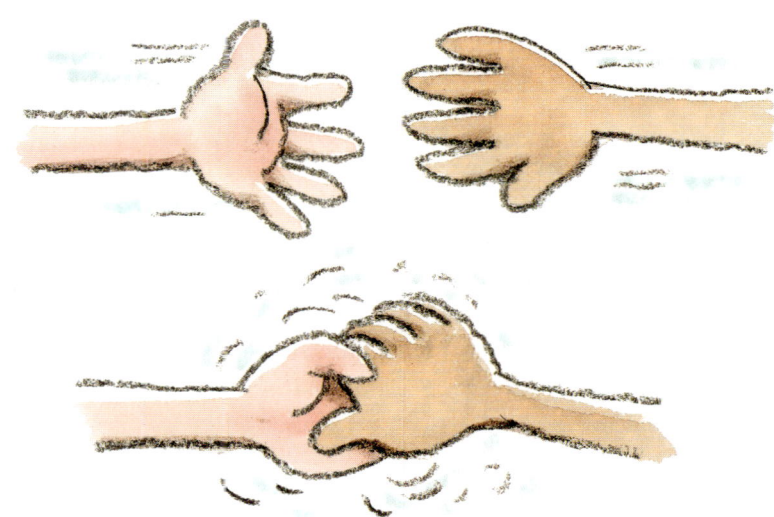

Wann braucht man Hilfe?
Denke dir Situationen aus, in denen
jemand um Hilfe bittet oder sogar um
Hilfe ruft. Spiele sie zusammen mit
Freunden oder Stofftieren nach.

Das können wir machen

Mit verbundenen Augen

Du brauchst
Schals und Tücher, um die Augen zu verbinden

Die Spieler finden zu Paaren zusammen. Je einer
von ihnen bekommt die Augen verbunden. Die
Spielpartner führen ihre „blinden" Mitspieler nur
durch Zuruf, ohne sie zu berühren, durch den Raum.

Ziel ist es, den anderen so zu führen, dass er mit
niemandem zusammenstößt. Der Spieler, der
sieht, ist dabei der Stärkere. Er setzt sich
dafür ein, dass sich sein Partner nicht weh tut.

19 Mund auf! Ohren auf!

Karl und sein Papa sind auf dem Weg in den Zoo. Da treffen sie Frau Schmidt. Die Erwachsenen reden und reden. Karl wird ungeduldig. Er zupft und zerrt an Papas Hose: „Papa! Komm jetzt endlich! Wir wollten doch in den Zoo." Aber niemand beachtet ihn.

> Jeder in der Familie hat was zu sagen. Und jeder sollte gehört werden. Das lernen Kinder am besten, wenn sie dies im Familienalltag erleben. Das bedeutet für alle: Aufmerksam zuhören und sich Zeit für Antworten nehmen.

Jetzt du!

❂ Erzählst du gerne?
Woran merkst du, ob dir jemand aufmerksam zuhört?

❂ Kannst du gut zuhören?
Zeige denen, die mit dir reden, dass du zuhörst: Du schaust sie an, du bist aufmerksam und beschäftigst dich nicht mit anderen Dingen.

❂ Was wäre, wenn wir alle durcheinander reden würden und jeder das sagt, was ihm gerade einfällt … Probiert es aus.

❂ Verabredet in eurer Familie ein Zeichen, um mitzuteilen: Ich möchte auch etwas sagen!

Haustelefon

Zu einem Gespräch gehört auch das Zuhören.
Einer nach dem anderen ist dran. Probiert es aus!

Du brauchst

2 Plastikbecher, Stifte oder Aufkleber zum
Verzieren, 2 bis 4 Meter Schnur (Wolle), Schere

1. Verziere die Becher. Bemale oder beklebe sie.
2. Stich mit der Schere vorsichtig ein Loch in den
   Becherboden. Lass dir dabei helfen.
3. Mach einen Knoten auf ein Ende der Schnur.
4. Fädele die Schnur von unten durch das Loch des
   einen Bechers und verknote sie im Inneren.
5. Fädele die Schnur durch das Loch des zweiten
   Bechers.
6. Verknote das andere Ende der Schnur.
   Wenn du an der Schnur ziehst, verschwindet
   der Knoten im Becher.

Willst du mit deinem Freund sprechen? Dann gib
ihm den zweiten Becher. Die Schnur muss gespannt
sein. Zum Sprechen hältst du dir den Becher vor
den Mund, zum Hören ans Ohr. Jetzt könnt ihr
euch von einem Zimmer zum anderen unterhalten.
Hört genau hin, um den anderen zu verstehen.

wer bin ich?

Eine bekannte Person soll erraten werden:
ein Schauspieler, ein Musiker, ein Freund …
Ein Spieler denkt sich eine Person aus.
Die anderen stellen Fragen, um sie zu erraten.
Wichtig ist, dass alle an die Reihe kommen und
nicht durcheinander reden. Die Fragen dürfen
nur mit ja oder mit nein beantwortet werden.
Wer die Person errät, darf sich als Nächster
eine neue ausdenken.

Zum Beispiel:

„Ist es eine Frau?" – „Ja!"
„Kommt sie häufig im Fernsehen?" – „Nein."
„Lebt sie noch?" …

20 Bitte und danke!

Frau von Hagen,
darf ichs wagen,
Sie zu fragen,
wie viel Kragen
Sie getragen,
als Sie lagen
krank am Magen
im Spital zu Kopenhagen?

> Höflichkeit und Freundlichkeit erleichtern das Zusammenleben und machen das Miteinander schöner. Dies können schon Kinder erfahren.

Nina will ihre Freundin besuchen. Als sie das Rad aus dem Keller holt, hält ihr die Nachbarin die Tür auf. Das freut Nina. Sie bedankt sich. Die Nachbarin lächelt: „Das habe ich gern gemacht."

Jetzt du!

✱ „Bitte" und „danke" sind kleine Zauberwörter. Probier es aus: Was machen die Leute, wenn du sie freundlich um etwas bittest und dich bedankst? Wie schauen sie? Was sagen sie?

✱ Kennst du noch andere höfliche „Zauberwörter"? Was kannst du zur Begrüßung sagen? Zum Abschied? Beim Essen? Wenn jemand krank ist? Fällt dir noch mehr ein?

48

wie gedruckt

Wenn du dich bei jemandem besonders herzlich bedanken möchtest, kannst du ihm ein kleines Geschenk basteln: zum Beispiel ein Stoffbild. Lass dir dabei helfen.

Du brauchst
Papier, Stofffarbe, Zeitung, Stoff (Geschirrtuch, T-Shirt ...), Stecknadeln, Bügeleisen

1. Male mit Stofffarbe ein Bild auf Papier.
2. Lege Zeitungspapier auf das Bügelbrett und den Stoff auf die Zeitung.
3. Lege das Bild nach unten auf den Stoff. Befestige es mit Stecknadeln.
4. Bügle einige Minuten ohne Dampf darüber. Durch die Hitze wird die Farbe auf den Stoff gedruckt.
5. Hebe vorsichtig eine Ecke deines Bildes, und schau, ob es auf den Stoff gedruckt wurde.
6. Schon ist dein Stoffbild fertig!

Wenn dir jemand geholfen hat, ist es nett, wenn du dich mit einem kleinen Geschenk bedankst.

Stille Post

Auch zuhören und ausreden lassen, ist höflich. Dabei wirst du merken, dass du so besser verstehst, was die anderen zu sagen haben.
Probier es aus!

Ihr sitzt im Kreis. Flüstere dem Spieler neben dir einen höflichen Satz ins Ohr. Der flüstert das, was er verstanden hat, seinem Nachbarn ins Ohr. So geht es reihum. Der Letzte sagt laut, was er gehört hat. Haben alle den Satz richtig verstanden? Vielleicht kommen lustige Dinge dabei heraus, die gar nicht mehr höflich sind.

21 Liebe zur Natur

Summ, summ, summ,
Bienchen, summ herum.
Ei, wir tun dir nichts zu Leide,
flieg nur über Wald und Heide!
Summ, summ, summ,
Bienchen, summ herum.

Monika hat Sonnenblumen geschenkt
bekommen. Die pflanzt sie in einen großen
Topf und stellt sie auf den Balkon. Monika
gießt die Blumen jeden Tag. Manchmal
kommen Bienen und besuchen die
Sonnenblumen. Dann freut sich Monika.

Blumen und Bienen, Wasser und Luft – die
Natur ist wunderschön und wertvoll. Wir
Menschen sind ein Teil davon. Daher sollten
schon Kinder lernen, unseren Planeten mit
seinen Tieren und Pflanzen zu achten und
zu schützen.

Jetzt du!

✳ Wenn es keine Blumen mehr gäbe, könnten
Bienen sich nicht ernähren. Es gäbe keinen
Honig. Wenn es keine Bienen gäbe, könnten
sich viele Blumen nicht fortpflanzen.

✳ Warum ist es so wichtig, die Natur und unsere
Umwelt zu schützen?

✳ Wie kannst du die Natur und die Umwelt
schützen? Keinen Müll in die Natur werfen,
kaputte Sachen reparieren lassen statt sie
wegwerfen …
Bestimmt fällt dir
noch mehr ein!

50

Im wald

Mach mit deiner Familie einen Ausflug in den Wald. Schau dich dort um. Was siehst du? Verschiedene Arten von Bäumen und Sträuchern, kleine Käfer am Boden, einen Ameisenhaufen am Wegrand, Vögel auf den Bäumen, einen kleinen Bach, Blätter und Steine, dort, wo du gehst …

- Geht mit offenen Augen durch den Wald. Macht ein Spiel: „Ich sehe was, was du nicht siehst …"
- Was gefällt dir am Wald?
- Mach die Augen zu: Achte auf die Gerüche der Natur und auf die Geräusche.
- Du kannst Steine und Blätter, die dir besonders gut gefallen, sammeln.

Wer Haustiere hat, trägt die Verantwortung für sie. Denn sie brauchen Schutz und Pflege.

Fische im wasser

Du brauchst
ein Aquarium, Wasser, Steine, Wasserpflanzen, Goldfische

Ihr könnt ein kleines Goldfisch-Aquarium anlegen. Erkundigt euch, wie das geht. Gebt einige Steine und Wasserpflanzen hinein. Jedes Familienmitglied kümmert sich abwechselnd eine Woche um das Aquarium.

Ihr braucht Zeit und Respekt für die Tiere und Pflanzen in dem Aquarium. Wenn ihr sie vernachlässigt, sterben sie.

22 Das macht Spaß

Guten Abend, gute Nacht,
mit Rosen bedacht,
mit Näglein besteckt,
schlupf unter die Deck.

Heute war ein schöner Tag! Oli hat den
ganzen Nachmittag mit seinen Freunden
Wettlaufen und Fangen gespielt. Als Mama
ihn ins Bett bringt, erzählt er ihr davon.
Bevor sie das Licht ausmachen, kitzelt
Mama Oli durch, bis beide lachen.
Fröhlich kuschelt sich Oli dann ins Kissen.
Gute Nacht!

Für Kinder ist es schön, abends ins Bett
gebracht zu werden. Wenn sie jetzt noch von
ihren Erlebnissen des Tages erzählen und man
es schafft, gemeinsam zu lachen, geht der Tag
bewusst und positiv zu Ende. Mit Freude bei
der Sache sein, sich begeistern können, fröhlich sein: Ein guter Tag leitet meist auch eine
gute Nacht ein.

Jetzt du!

✳ Was gefällt dir beim Zubett-
gehen besonders gut?

✳ Welche anderen Momente
am Tag magst du gern?

✳ Denke abends an ein
schönes Erlebnis, das du
am Tag hattest.

✳ Überlege dir etwas Lustiges
für den nächsten Tag.
Dann kannst du dich
am Abend und am
Morgen darauf
freuen.

Lachen steckt an!
Versuche jemanden mit
deinem Lachen anzustecken.
Zusammen lachen
ist besonders schön!

Das macht uns Spaß?

Was wollen wir machen?
Auf dem Kopf stehen und lachen!
Was wollen wir spielen?
Auf dem Kopf stehen und schielen!

Überleg dir mit deiner Familie, was ihr besonders
gerne macht. Alle zusammen.

Zum Beispiel:
🌀 Geht ein Eis essen.
🌀 Seht euch gemeinsam einen Film an.
🌀 Macht ein Picknick.
🌀 Erzählt euch Witze.
🌀 Macht Ratespiele: Was bin ich? Einer bewegt
   sich ohne Worte, die anderen raten.

Singen und tanzen

wie die Störche

Kennst du das Lied? Singe es zusammen mit
anderen und bewegt euch dabei wie die
Störche. Du wirst sehen, wie lustig das ist!

Auf unsrer Wiese gehet was,
watet durch die Sümpfe.
Es hat ein schwarzweiß Röcklein an,
trägt auch rote Strümpfe.
Fängt die Frösche, schnapp, schnapp, schnapp,
klappert lustig, klapperdiklapp.
Wer kann das erraten?

Ihr denkt: Das ist der Klapperstorch,
watet durch die Sümpfe.
Er hat ein schwarzweiß Röcklein an,
trägt auch rote Strümpfe.
Fängt die Frösche, schnapp, schnapp, schnapp,
klappert lustig, klapperdiklapp.
Nein, es ist Frau Störchin.

23 Die welt ist bunt

Drei Chinesen mit dem Kontrabass,
saßen auf der Straße und erzählten sich was,
da kam die Polizei und fragt:
„Was ist denn das?"
Drei Chinesen mit dem Kontrabass.

Dri Chinisin mit dim Kintribiss ...

Anna und Pablo sind Freunde. Pablo kommt
aus Mexiko und ist vor einem Jahr mit seiner
Familie in Annas Straße gezogen. Die beiden
spielen oft zusammen, auch mexikanische
Spiele. Sie singen und lachen viel miteinander.
Da macht es nichts, dass Pablo noch nicht so
gut Deutsch spricht wie Anna.

> Es ist spannend und bereichernd,
> Menschen aus anderen Kultur-
> und Sprachkreisen zu treffen.
> Wenn wir ihnen offen begegnen,
> können wir Freunde finden und
> viel von ihnen lernen.

Jetzt du!

✳ Warst du schon einmal in einem anderen Land?
   Wo? Wie hat es dir dort gefallen?
   Was hast du dort erlebt?

✳ Kennst du Kinder aus anderen Ländern? Hast
   du von ihnen Neues erfahren und gelernt?

✳ In dem Grimmschen Märchen „Hans, mein
   Igel" sieht Hans sehr seltsam aus: Er ist
   halb Igel und halb Mensch. Trotzdem findet
   er am Ende eine Frau: die Prinzessin.
   Lies das Märchen.

In einer anderen Haut

Es gibt keine zwei gleichen Menschen. Jeder Mensch sieht anders aus. Das macht unsere Welt schön bunt. Ob jemand gut oder böse ist, hat mit seinem Aussehen nichts zu tun. Probier es aus und schlüpfe in eine andere Haut!

Du brauchst
dünnen Karton, Bleistift, Schere, Wachsmalstifte, Gummiband (20 cm), Wolle, bunte Papierstreifen, Stoffreste, Klebstoff

1. Zeichne Gesichter von Kindern unterschiedlicher Erdteile mit Bleistift auf dünnen Karton. Das wird deine Maske. Ideen findest du auf Seite 116 und 117.
2. Mit Wachsmalstiften malst du die Gesichter an.
3. Dort, wo die Augen sind, schneidest du Löcher. Wenn du die Maske vor dein Gesicht hältst, musst du durch die Löcher sehen können.
4. Mache auf beiden Seiten der Maske Löcher für das Gummiband. Ziehe es durch und verknote es so, dass die Maske bequem auf deinem Kopf sitzt.
5. Zum Schluss kannst du Haare an die Maske kleben. Nimm dafür Wolle, Papierstreifen oder Stoffreste.

Setze die Maske auf. Schau dich im Spiegel an.
Mit der Maske siehst du verändert aus.
Aber hast du dich wirklich verändert?

Gemeinsam

Setzt zum Spielen die Masken auf. Überlegt, wie schön es wäre, wenn alle Kinder auf der Erde eines Tages gemeinsam spielen und lachen könnten!

Du brauchst
Musik (zum Beispiel ein Radio), Stühle, Korken, Luftballons

Die Spieler bilden Paare. Ein Spieler stellt die Musik an und stoppt sie nach einer Weile. Solange die Musik läuft, soll jedes Paar …
- … sich an einer Hand halten und mit der anderen Hand möglichst viele Korken, die auf dem Boden liegen, aufsammeln. Welches Team hat die meisten Korken?
- … sich gemeinsam auf einen Stuhl setzen.
- … sich Rücken an Rücken auf den Boden setzen. Welches Paar schafft es aufzustehen?
- … drei Luftballons möglichst lange in der Luft halten.

24 Ganz ehrlich

„Mami, ich muss dir was sagen ..." Julia nimmt ihren Mut zusammen. Aufrecht steht sie vor ihrer Mutter. „Ich habe einen Teller kaputt gemacht." Die Mutter schaut Julia an. „Das ist halb so schlimm", antwortet sie dann. „Das kann jedem passieren."
Julia findet lügen doof. Sie sagt lieber die Wahrheit, auch wenn es unangenehm ist. Jetzt ist ihr wieder leichter ums Herz.

Kinder sollten lernen, ehrlich ihre Meinung zu sagen und Fehler, Missgeschicke oder Versäumnisse offen zuzugeben. So übernehmen sie Verantwortung für ihr Handeln. Je früher sie erkennen, dass jeder Fehler macht und dass man Fehler wieder gutmachen kann, umso besser. Dann fällt es ihnen leichter aufrecht durchs Leben zu gehen, aufrichtig und ehrlich zu sich und zu anderen zu sein.

Jetzt du!

✱ Hast du schon einmal gestanden, dass du etwas falsch oder kaputt gemacht hast?

✱ Sagst du es, wenn du traurig bist? Wenn es dir langweilig ist? Wenn du etwas nicht weißt? Wenn dich etwas ärgert? Wenn du dich über etwas gefreut hast?

✱ Es ist nicht immer leicht, die Wahrheit zu sagen. Das zeigt auch Andersens Märchen „Des Kaisers neue Kleider". Weil die Untertanen Angst vor dem Kaiser haben, getraut sich keiner, ihm die Wahrheit zu sagen – außer einem.

Tagebuch

In ein Tagebuch kannst du malen oder schreiben, was du fühlst und was du erlebst. Nimm dir vor, im Tagebuch aufrichtig und ehrlich zu sein. Wenn du es dir selber gegenüber bist, fällt es dir auch gegenüber anderen leichter.

Du brauchst

festen Karton, weiße oder farbige Blätter Papier, Schere, Locher, Stoff, Klebstoff, Band, Filzstift, Etikett

1. Schneide aus dem Karton zwei Vierecke in der Größe der Papierblätter aus. Das werden die Buchdeckel.
2. Lege das Papier zwischen die Buchdeckel. Loche den Block.
3. Schneide Stoffstücke zurecht, die etwas größer als die Buchdeckel sind.
4. Klebe den Stoff von außen auf den Karton. Den überstehenden Rand schlägst du nach innen um. Auf die Innenseite des Buchdeckels kannst du noch ein Blatt Papier kleben. Das sieht schöner aus.
5. Wenn der Buchumschlag getrocknet ist, legst du die Blätter dazwischen und fädelst das Band durch die Löcher. Mache einen Knoten.
6. Auf ein Etikett schreibst du „Mein Tagebuch" oder malst ein Bild von dir. Dann klebst du es auf die Vorderseite.

1

2

3

4

5

6

Ein Tagebuch erinnert dich auch später noch an deine Erlebnisse.

25 Für dich!

Dominik hat Hunger. Er will sein Pausenbrot aus der Tasche holen, aber da ist kein Brot drin. Dominik hat es zu Hause vergessen. Gut, dass Martin sein Freund ist. Er bietet Dominik die Hälfte von seinem eigenen Brot an.

> Wer anderen etwas abgibt, an die anderen denkt, anderen hilft, ohne etwas dafür zu erwarten, ist großzügig. Großzügig ist auch der, der verzeiht, ohne nachtragend zu sein. Großzügigkeit schafft Freunde.

Jetzt du!

❋ Im Märchen wird der, der etwas abgibt oder anderen hilft, oft belohnt.
Das Sterntaler-Mädchen verschenkt ihr letztes Stück Brot und alle ihre Kleider. Da fallen die Sterne als Taler vom Himmel und das Mädchen wird reich.
Im Märchen „Frau Holle" wird die Goldmarie, die allen hilft, die das Brot aus dem Backofen zieht, den Apfelbaum schüttelt und Frau Holle bei der Hausarbeit zur Hand geht, reich belohnt. Goldregen fällt und Goldmarie ist über und über mit Gold bedeckt.
Kennst du weitere Beispiele?

❋ Wann hast du das letzte Mal etwas abgegeben? An wen? Was war das?

❋ Gibst du gerne ab?

❋ Wer hat dir schon einmal etwas abgegeben?

Ein Märchen

Wenn wir etwas geben, sollten wir dafür nichts erwarten. Doch wenn der andere sich freut, ist dies ein schönes Gefühl.

Der großzügige Baum

Es waren einmal ein Baum und ein kleiner Junge. Jeder mochte den anderen sehr. Der Junge pflückte Blätter vom Baum und flocht sich daraus eine Krone. Er schaukelte in den Ästen, kletterte den Stamm hoch, aß von den Äpfeln und wenn er müde wurde, lehnte er sich an den Stamm und schlief. Dann freute sich der Baum.
Als der Junge größer wurde, sagte er, nun sei er zu groß für all das und bräuchte Geld.
„Kannst du mir das geben?", fragte er den Baum.
„Pflücke meine Äpfel und verkaufe sie", antwortete der Baum
Der Junge tat es und der Baum freute sich.
Die Zeit verging und der Junge wurde zum Jüngling. Er besuchte den Baum nicht mehr, und so war der Baum traurig.

Eines Tages aber stand der Jüngling da.
„Ich möchte Kinder und ein Haus haben. Kannst du mir das geben?"
„Nimm meine Zweige und baue ein Haus."
Der Jüngling tat es und der Baum freute sich.
Die Zeit verging und der Jüngling wurde zum Mann. Er besuchte den Baum nicht mehr, und so war der Baum traurig.
Eines Tages aber stand der Mann da.
„Ich möchte ein Schiff und reisen. Kannst du mir das geben?"
„Fälle meinen Stamm und baue das Schiff."
Der Mann tat es und der Baum freute sich.
Die Zeit verging und der Mann wurde zum Greis. Er besuchte den Baum nicht mehr, und so war der Baum traurig.
Eines Tages aber stand der Greis da und der Baum sagte: „Es tut mir Leid, ich würde dir gerne etwas geben, doch ich habe nichts mehr."
„Ich brauche fast nichts mehr. Ich suche nur ein Plätzchen zum Ausruhen."
„Eine alte Wurzel ist gut zum Ausruhen, setz dich nieder und ruhe aus", sagte der Baum.
Der Alte tat es und und der Baum freute sich.

Das können wir machen

Vorhang auf

Wir spielen die Geschichte vom großzügigen Baum nach. Im eigenen Theater!

Du brauchst
Schuhkarton ohne Deckel, dünnen Karton, Pauspapier, Stoff, Cutter, Schere, Stifte

1. Stelle den Schuhkarton mit der Öffnung nach vorne auf. Das wird dein Theater. Schneide den oberen Rand ein. Durch diesen Schlitz schiebst du den dünnen Karton mit dem Bühnenbild.
2. Pause die Vorlagen von Seite 118 bis 121 ab: Baum, Kind, Jüngling, Mann und Greis, Äpfel, Zweige, Stamm, Haus und Schiff. Übertrage sie auf dünnen Karton und schneide sie aus.
3. Schneide beide Seiten des Schuhkartons ein. Zur einen Seite führst du den Baum ein, zur anderen die Figuren. Klebe sie dazu auf Kartonstreifen.

4. Schneide den Stoff als Vorhang zurecht.
5. Klebe den Stoff auf.
6. Lest und spielt die Geschichte.

26 Schön, dass du da bist!

Es war eine Mutter, die hatte vier Kinder:
den Frühling, den Sommer, den Herbst und den Winter.
Der Frühling bringt Blumen, der Sommer den Klee,
der Herbst, der bringt Trauben, der Winter den Schnee.

Papa holt Lisa vom Kindergeburtstag ab. Lisa freut sich. Jetzt muss sie nicht alleine nach Hause gehen. Sie schenkt ihm das Bild, das sie heute Mittag gemalt hat.

> Menschen reagieren aufeinander. Wenn wir ihnen zeigen, dass wir sie mögen und uns freuen, sie zu sehen, freuen sie sich meistens auch. Und wenn wir mal schlechte Laune haben, sollten wir die nicht an anderen auslassen.

Jetzt du!

✳ Wie kannst du jemandem zeigen, dass du dich über ihn freust?

✳ Zeigt dir deine Mama, dein Papa, dass sie sich freuen, dich zu sehen?

✳ Womit kannst du deinen Eltern Freude machen? Mit einem Kuss, mit einem Bild, mit einem Geschenk?

✳ Wie kannst du dich bedanken, wenn dir jemand geholfen hat?

Von Anfang an

Wir freuen uns, wenn andere freundlich zu uns
sind. Andere freuen sich, wenn wir zu ihnen
freundlich sind. Das beginnt schon bei der
Begrüßung. Probier es aus!

◉ Wie kann man sich begrüßen? Mit einem
Handschlag, mit einer Umarmung, mit Küsschen,
mit einer Verbeugung, mit Kopfnicken,
mit Schulterklopfen …

◉ Was kannst du sagen: Schön, dich zu sehen!
Wie geht es dir? …

◉ Wie begrüßt du deine Mutter am Muttertag?
Wie deinen Freund an sei-
nem Geburtstag?
Wie begrüßt du
die Nachbarin im Haus?

◉ Du kannst jemandem
zur Begrüßung auch
ein Gedicht mitbringen:

Drei Rosen im Garten,
drei Tannen im Wald,
im Sommer ists lustig,
im Winter ists kalt.

Spielen

Wortspiel

Denk dir irgendein Wort aus, das dir
besonders gut gefällt? Schreibe es
Buchstaben für Buchstaben untereinander.
Denke dir weitere Wörter aus, die mit
eben diesen Buchstaben beginnen.
Zum Beispiel das Wort LIEBE.

Lieber
Ingo
E …
B …
E …

Du kannst auch mit einem Namen
beginnen. Wenn du nicht weiter weißt,
hilft dir ein Wörterbuch beim Wörterfinden.

27 Nicht schummeln!

Eine Kuh, die saß im Schwalbennest
mit sieben jungen Ziegen.
Die feierten ihr Jubelfest
und fingen an zu fliegen.
Der Esel zog Pantoffeln an,
ist übers Haus geflogen,
und wenn das nicht die Wahrheit ist,
so ist es glatt gelogen.

Bettina und Stefan schreiben ein Diktat. Stefan ist sich unsicher. Noch bevor er selbst nachdenkt, schaut er zu Bettina. Ein gutes Gefühl hat er dabei nicht.

Ehrlich währt am längsten. Kinder sollten lernen, dass unehrliches Verhalten wie Schummeln nichts bringt. Es birgt immer die Gefahr, Fehler anderer zu kopieren, erwischt und bestraft zu werden. Wer selbstständig denken und selbstbewusst handeln will, hat schummeln nicht nötig.

Jetzt du!

* Warum hat Stefan beim Abschreiben kein gutes Gefühl?

* Warum ist es wichtig, ehrlich zu sein?

* In dem Gedicht oben geht nicht alles mit rechten Dingen zu. Was stimmt nicht?

* Der Schneider im Märchen „Tischlein, deck dich" hatte drei Söhne und eine Ziege. Jeden Tag führte sie ein anderer Sohn auf die Weide. Am Abend sagte die Ziege: „Ich bin so satt. Ich mag kein Blatt. Mäh, mäh!" Da brachte der Sohn sie nach Hause. Aber als der Vater fragte: „Ziege, bist du auch satt?", meckerte sie: „Wovon soll ich satt sein? Ich sprang nur über Gräbelein und fand kein einzig Blättelein. Mäh, mäh!" Wie ging es weiter?

Das können wir machen

wertvolle Säckchen

Im Leben haben Werte wie Ehrlichkeit ein größeres
Gewicht als Geld. Probier es aus!

Du brauchst
Etiketten, Stifte, Stoffreste, Schere, Nadel und
Faden, Sand, Münzen, Kordel, Waage

1. Schreibe auf jedes Etikett einen Wert wie
   Ehrlichkeit, Freundschaft, Vertrauen …
2. Schneide den Stoff zurecht und nähe einige
   Stoffsäckchen.
3. Fülle die Säckchen mit Sand, binde sie mit
   Kordel zu und klebe auf jedes ein Etikett.
4. Lege die Säckchen auf eine Waagschale.
   Auf die andere Waagschale legst du Münzen.

- Welche Waagschale würdest du wählen?
- Denke über das nach, was mehr wiegt.
- Du kannst die Säckchen verschenken und sagen:
  Ich schenk dir so viel Freundschaft wie Sand-
  körner im Säckchen sind.

Spielen

Auf dem Markt

Du brauchst
2 Tische, 2 Waagen, 2 Körbe, Spielgeld, Sachen
zum Verkaufen: Obst, Gemüse, Spielzeug …

Baut Marktstände auf und verteilt Rollen:
An einem Stand steht ein ehrlicher Verkäufer,
an dem anderen ein betrügerischer.
Die anderen Mitspieler kaufen ein.
Jeder Verkäufer ist mal ehrlich, mal betrügerisch.
Gibt es Fälle, in denen die Kunden den Betrug
nicht bemerken?
Wenn sie ihn bemerken, wie handeln sie?

Nach einem ersten Durchgang tauscht ihr
die Rollen: Die Kunden werden Verkäufer und
umgekehrt.

28 was ist gerecht?

Spannenlanger Hansel,
nudeldicke Dirn,
gehn wir in den Garten,
schütteln wir die Birn'!
Schüttel ich die großen,
schüttelst du die klein',
wenn das Säckchen voll ist,
gehn wir wieder heim.

Gerecht muss nicht immer bedeuten, dass für alle das Gleiche gilt. Für Kinder gelten oft andere Regeln als für Erwachsene und für kleinere Kinder andere Regeln als für größere Kinder. Der Alltag kann Kinder diese Unterschiede lehren.

In diesem Lied kümmert sich der große Junge um die großen Birnen und das kleine Mädchen um die kleinen Birnen. Sie haben die Arbeit gerecht verteilt. Beide sind zufrieden. Klara singt das Lied, während sie das Obst für den Nachtisch verteilt.

Jetzt du!

❂ Wie würdest du einen Korb voller Obst zwischen zwei Personen aufteilen?

❂ Was findest du gerecht, was ungerecht?

❂ Was machst du, wenn dir etwas ungerecht vorkommt?

❂ Im Märchen bekommt am Ende oft jeder, was er verdient. Denk an Goldmarie und Pechmarie bei „Frau Holle". Goldmarie war fleißig. Sie wurde über und über mit Gold bedeckt. Pechmarie war faul. Sie wurde mit Pech überschüttet.

Wir gehen einkaufen

Wenn wir Essen einkaufen, schauen wir auf den Preis. Aber wir sollten auch überlegen, was gesund ist und gut schmeckt. Meinst du, dass die Bauern, die das Obst angebaut und geerntet haben, genug daran verdienen? Das wäre gerecht.

Kaufe zusammen mit deiner Familie ein:
- Macht zuvor eine Einkaufsliste.
  Malt oder schreibt auf, was ihr braucht.
  Wie viel Geld braucht ihr dafür?
- Wählt die Waren sorgfältig aus.
  Gibt es unterschiedliche Preise?
  Was meinst du, warum?
- Kauft zwei Tafeln Schokolade oder Äpfel unterschiedlicher Sorten.
  Worin unterscheiden sie sich?

Kennst du Transfair-Produkte?
Hat eine Schokoladentafel das Transfair-Siegel, weißt du, dass der Kakao darin „fair", das heißt gerecht, gehandelt wurde.
Auch die Bauern bekommen ihre Arbeit gerecht bezahlt.

Geschmackstest

Du brauchst
2 Tafeln Schokolade oder Obst (Äpfel …) unterschiedlicher Sorten, 2 Teller, ein Tuch

- Lege von der einen Sorte ein Stück auf den einen Teller, von der anderen Sorte ein Stück auf den anderen Teller. Verbinde dir mit dem Tuch die Augen und probiere ein Stückchen von jedem Teller.
- Kannst du Unterschiede feststellen?
- Welche Schokolade, welches Obst schmeckt dir besser? Warum?

Noch spannender ist es, wenn ihr den Geschmackstest zu mehreren macht.

29 Stück für Stück

Wer will fleißige Handwerker sehn?
Der muss zu uns Kindern gehn.
Stein auf Stein, Stein auf Stein,
das Häuschen wird bald fertig sein.

Katrin will kein Haus bauen, aber ein Mosaik basteln, aus vielen kleinen Stückchen. Bevor sie beginnt, legt sie sich alles, was sie braucht, zurecht. Jetzt fehlt noch der Kleber. Und ein Stift. Beides hat sie in der Schublade.
Katrin findet sie sofort und freut sich, dass sie losbasteln kann!

Oft empfinden es Kinder als lästige Pflicht, ihre Spielsachen und ihr Zimmer aufzuräumen. Dabei ist es ein gutes Gefühl, Ordnung zu haben, etwas auf Anhieb zu finden und die Zeit nicht mit Suchen zu verplempern. Es ist gut, wenn Kinder diese Erfahrung machen. Doch sollten sie sich in ihrem Bereich eigene Ordnungsprinzipien überlegen.

Jetzt du!

✹ Räumst du gerne auf?

✹ Wie sieht es bei dir im Zimmer aus?

✹ Findest du immer alles, was du suchst?

✹ Wie fühlst du dich, wenn alles ordentlich ist?

✹ Such dir eine Stelle, die unordentlich ist.
   Schau sie an. Räume sie dann auf.
   Wie gefällt sie dir jetzt?

Stein an Stein

Du brauchst
ein Holzstück, etwa 20 x 20 cm,
Papier in gleicher Größe, Bleistift,
Mosaiksteinchen oder viele farbige
Papierstückchen, Klebstoff

1. Male zuerst ein Bild auf das Papier.
   Achte darauf, dass du einfache Formen
   zeichnest. Du kannst die Vorlagen von
   Seite 125 abpausen.
2. Klebe das Bild auf das Holz.
3. Klebe dann die Mosaikstückchen auf das Bild.
   Dabei musst du sehr genau arbeiten.
4. Stück für Stück entsteht dein Mosaik!

Räume nun dein Bastelmaterial auf.
Lege oder stelle dein Bild an einen schönen Platz.
Schau es an und freue dich darüber.

Fleißige Ameisen

Hast du schon einmal Ameisen in ihrem
Bau oder Bienen in ihrer Wabe beobach-
tet? Sie sind ständig in Bewegung und
schaffen viel für ihr Volk!
Auch du kannst dich wie eine kleine
Ameise an den Aufgaben bei dir zu
Hause beteiligen. Probier es aus!

- Mache das Bett.
- Räume dein Zimmer auf.
- Deck den Tisch zum Essen und
  räum ihn danach wieder ab.
- Richte das Frühstück für deine
  Familie.
- Spüle das Geschirr oder trockne ab.
- Trenne den Müll.

Achte darauf, alles genau zu tun. Schau
dir hinterher an, was du geschafft hast.
Du wirst sehen, das macht Spaß!

30 So frei!

Hänschen klein ging allein
in die weite Welt hinein.
Stock und Hut stehn ihm gut,
er ist wohlgemut.
Aber Mama weinet sehr,
hat ja nun kein Hänschen mehr!
Da besinnt sich das Kind,
kehrt nach Haus geschwind.

Hans packt seinen Rucksack, nimmt seine Trinkflasche und geht in den Wald. Plötzlich fällt ihm ein, dass er niemandem gesagt hat, wo er hingeht. Da läuft er schnell nach Hause.

> Freiheit ist wichtig. Jeder Mensch sollte frei sein, jedes Kind sollte in Freiheit aufwachsen. Freiheit bedeutet aber nicht, zu tun, was man will. Da wir zusammen mit anderen leben, müssen wir Regeln einhalten. Die eigene Freiheit endet da, wo die der anderen beginnt.

Jetzt du!

✳ Warum läuft Hans wieder nach Hause? War seine Entscheidung richtig?

✳ Wir leben in Freiheit. Trotzdem müssen wir uns an Abmachungen und Regeln halten. Habt ihr in eurer Familie Regeln? Welche? Sind sie wichtig?

✳ Wer lebt nicht in Freiheit? Wie mag das sein?

✳ Ihr macht einen Ausflug. Welche Regeln habt ihr? Darfst du dich entfernen? Darfst du Tiere, die dir gefallen, mit nach Hause nehmen?

✳ Stell dir einen Tag ohne Regeln vor: Jeder schläft so lange er will, jeder isst, was und wann er will, jeder macht, was er will … Was wäre, wenn das jeden Tag so ginge?

Flugobjekte

Fliegen gibt uns ein Gefühl von Freiheit.
Auch wenn du etwas durch die Luft fliegen lässt, kannst du Freiheit spüren. Doch musst du aufpassen. Dein Flugobjekt darf nicht die Freiheit anderer verletzen.

Du brauchst

Stoff (etwa 10 x 10 cm), Sand oder Sägemehl, Schnur, Streifen aus Seidenpapier oder aus Stoff (etwa 30 bis 40 cm lang)

1. Breite den Stoff aus und lege etwas Sand oder Hirse in die Mitte.
2. Binde die Stoffzipfel mit der Schnur zusammen. Ein Ende der Schnur soll 50 bis 70 cm lang sein.
3. Die bunten Streifen bindest du oben dazu.
4. Such dir nun einen Platz im Freien, wo du niemanden störst. Halte das lange Ende der Schnur und schwinge das Säckchen schnell im Kreis. Dann lässt du los. Dein Flugobjekt fliegt davon. Achte darauf, dass es niemanden trifft!

Auch beim Spielen müsst ihr darauf achten, dass ihr andere nicht stört oder gar verletzt.

Das können wir machen

Wasserspiele

Du brauchst

ein Glas pro Person, 2 oder 3 Eimer, Wasser, Lappen

Erster Teil

1. Fülle für jeden Mitspieler ein Glas zur Hälfte mit Wasser.
2. Jeder taucht seine Finger ins Glas und bewegt sie leicht. Achtet darauf, dass kein Wasser aus dem Glas schwappt. Schwappt bei einem etwas über, scheidet er aus.

Zweiter Teil

1. Füllt die Eimer zur Hälfte mit Wasser.
2. Bewegt die Hände im Eimer. Dabei darf kein Wasser herausschwappen. Wenn Wasser herausschwappt, müsst ihr es aufwischen.

Dieser Teil des Spieles kann länger als der erste durchgeführt werden.

- ◎ Welcher Spielteil hat dir besser gefallen?
- ◎ Bei welchem hast du dich freier gefühlt?
- ◎ Bei beiden gab es Regeln, welche gefallen dir besser?

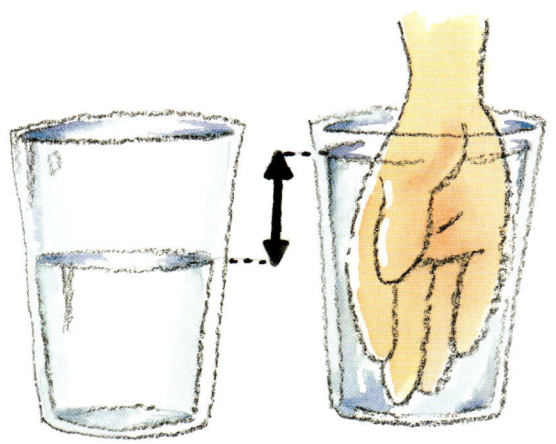

31 Ich komm ja schon!

Ene, mene, miste,
es rappelt in der Kiste.
Ene, mene, meck,
und du bist weg.

Moritz spielt mit den Bauklötzen. Da ruft ihn seine Mutter: „Moritz, kommst du bitte? Das Essen wird kalt! Wir warten nur noch auf dich!"
„Ich komm ja schon!", brummt Moritz. Er will nur noch eben den Turm fertig bauen.

Kindern fällt es manchmal schwer, gleich zu gehorchen. Sie schätzen die Zeit und die Wichtigkeit oft anders ein. Sie sollten lernen, auf die Bitten anderer angemessen zu reagieren. Dabei müssen sie unterscheiden, wer es gut mit ihnen meint: Nicht allen gegenüber ist Respekt und Gehorsam angebracht.

Jetzt du!

✳ Wie könnte die Geschichte mit Moritz weitergehen?

✳ Hätte Moritz früher gehorchen sollen?

✳ Fällt es dir leicht oder schwer zu gehorchen? Warum?

✳ Rotkäppchen sollte schnurstracks zur Großmutter gehen. Sie hörte aber nicht auf ihre Mutter und ging im Wald vom Weg ab. Prompt traf sie den Wolf. Lies das Märchen.

Eine Geschichte

Die Arche von Noah

Es ist wichtig, auf andere zu hören, die es gut mit uns meinen. Lies die Geschichte von Noah. Er hört auf Gott und wird dafür belohnt.

Vor langer, langer Zeit lebte ein Mann, der sich Noah nannte. Noah war ein guter Mensch, gerecht und friedliebend und er vertraute auf Gott. Anders als Noah gab es damals viele, die großes Leid anrichteten. Darüber war Gott traurig und er sprach zu Noah: „Noah, ich werde eine Sintflut schicken und alle Menschen werden ertrinken. Denn sie sind schuld, dass die Erde voller Gewalt ist. Du aber, Noah, baue ein Schiff! Baue eine dreistöckige Arche aus Zypressenholz, mit großen Fenstern und einer Tür. Gehe mit deiner Familie auf die Arche. Nimm von jedem Tier ein Weibchen und ein Männchen mit und Vorräte zum Essen und zum Trinken."
Noah tat, was Gott ihm gesagt hatte.
Als die Arche voll beladen war, begann der Regen. Es regnete 40 Tage und 40 Nächte.
Die Erde wurde überschwemmt.
Dann hörte der Regen auf und die Sonne kam heraus. Noah ließ eine Taube durch das Fenster fliegen. Als sie zurückkam, trug sie einen Olivenzweig im Schnabel. Da wusste Noah, dass die Bäume nicht mehr unter Wasser standen.
Bald war die Erde wieder trocken. Noah und seine Familie und alle Tiere konnten die Arche verlassen.

Basteln

Wir bauen ein Schiff

Baue dir wie Noah eine Arche.

Du brauchst
Papier, Stifte, eine große Schachtel oder Kiste, 3 kleinere Schachteln unterschiedlicher Größe, eine Schere, Klebstoff, Knete

1. Male auf ein Blatt Papier den Himmel. Auf ein anderes Blatt Papier malst du die Erde. Klebe die Bilder in die große Schachtel, so dass sie wie ein kleines Theater aussieht.
2. Um die Arche herzustellen, klebst du die drei kleineren Schachteln übereinander. Male sie an. Seitlich kannst du eine Tür und Fensterläden herausschneiden und sie öffnen und schließen. Stell die fertige Arche in den großen Karton.
3. Forme aus der Knete Noah und einige Tierpaare. Stelle die Knetfiguren in dein kleines Theater.

32 Nicht zappeln!

Heute findet auf dem Sportplatz ein Wettkampf statt. Jens, Anne, Marie und Benni können kaum abwarten, bis es endlich losgeht. Sie kichern und zappeln und sind schrecklich aufgeregt. Da fällt ihnen ein, was der Trainer gesagt hat: „In der Ruhe liegt die Kraft!" Und er hat ihnen einen Trick gezeigt, damit sie ruhiger werden: Gerade hinstellen, Augen zu, einatmen und bis drei zählen, ausatmen und bis drei zählen. Und das dreimal hintereinander.

Wenn Kinder etwas wollen, soll es am liebsten sofort geschehen. Es fällt ihnen schwer zu warten. Oft sind sie ungeduldig. Dennoch sollten sie erfahren, dass sie manches Ziel besser erreichen, wenn sie es in Ruhe angehen.

Jetzt du!

✳ Hast du viel Geduld?

✳ Wann hast du keine Geduld? Warum nicht? Was machst du dann?

✳ Es kann ganz schön unangenehm sein, wenn man ungeduldig, aufgeregt und nervös ist. Probier dann den Trick des Trainers aus.

✳ Kennst du Geduldsspiele?

✳ Kennst du das Lied von Dornröschen? Sie musste lange warten. Sing das Lied.

Dornröschen war ein schönes Kind,
schönes Kind, schönes Kind,
Dornröschen war ein schönes Kind, schönes Kind.
Dornröschen, nimm dich ja in Acht ...
Da kam die böse Fee herein ...
Dornröschen, du musst sterben ...
Da kam die gute Fee herein ...
Dornröschen, schlafe hundert Jahr! ...
Da wuchs die Hecke riesengroß ...
Da kam ein junger Königssohn ...
Dornröschen, wache wieder auf!
Sie feierten ein Hochzeitsfest ...

Angelspiel

Das meiste gelingt besser, wenn du ruhig und geduldig bist, nicht rumzappelst und dich konzentrierst. Probier es aus!

Du brauchst

dünnen Karton, Stifte, Schere, Locher, Korken, Messer, Stöckchen, Wollfäden, Büroklammern, eine Schüssel mit Wasser

Die Fische

1. Zeichne Fische auf den Karton. Du kannst die Vorlagen von Seite 123 abmalen oder abpausen.
2. Male die Fische bunt an und schneide sie aus.
3. Mache in den oberen Teil der Fische ein Loch. Dazu kannst du den Locher benutzen. Das Loch brauchst du, um die Fische später zu fischen.
4. Schneide die Korken vorsichtig in Scheiben. Lass dir dabei helfen.
5. Schneide vorsichtig einen Schlitz in die Korkenscheiben. In jede Korkenscheibe kommt ein Fisch.

Die Angeln

1. Befestige an jedem Stockende einen Faden.
2. Biege die Büroklammern auf und binde sie an das andere Ende des Fadens. Das sind die Angelhaken.

Los gehts

Fülle die Schüssel mit Wasser. Setze die Korken mit den Fischen aufs Wasser. Gelingt es dir, die Fische mit der Angel herauszuholen?

Wenn ihr zu mehreren spielt, könnt ihr unter jeden Korken eine Zahl schreiben. Am Ende zählt jeder die Zahlen unter seinen Fischen zusammen. Wer hat die meisten Punkte?

33 Frieden!

Der Kuckuck und der Esel,
die hatten einen Streit,
wer wohl am besten sänge,
wer wohl am besten sänge,
zur schönen Maienzeit,
zur schönen Maienzeit.

Der Kuckuck sprach: „Das kann ich",
und fing gleich an zu schrein.
„Ich aber kann es besser,
ich aber kann es besser",
fiel gleich der Esel ein,
fiel gleich der Esel ein.

Luisa und Marco haben gerade noch friedlich miteinander gespielt. Jetzt streiten sie. „Der Ball gehört mir!" – „Nein, mir!" – „Ich hab ihn zuerst gesehen, darum gehört er mir!"

Zwischen Kindern bricht schnell mal ein Streit aus. Plötzlich sind sie, ohne es zu wollen, mitten in einer Auseinandersetzung. Im Streit erfahren Kinder ihre Grenzen unmittelbar. Sie lernen sich zu behaupten und sie lernen sich zurückzunehmen. Doch streiten will gelernt sein!

Jetzt du!

✳ Wie könnten Luisa und Marco den Streit beenden?

✳ Findest du es richtig, wenn immer der Stärkere gewinnt?

✳ Was tust du, wenn jemand mit dir Streit anfängt?

✳ Wie kann man Streit beenden? Durch ein Gespräch, durch Tobespiele im Freien, durch Nachgeben … Was fällt dir noch ein?

Das können wir machen

Erst sauer, dann süß

Gleich gibts Streit.
Oder kann man ihn vermeiden?
Denke mit Freunden oder mit
deiner Familie darüber nach.

1. Ein Kind hat das Eis von einem
   anderen Kind aufgegessen.
2. Ein Kind wird vom Ball eines
   anderen Kindes getroffen.
3. Ein Kind gibt einem anderen Kind
   aus Versehen einen Stoß.
4. Zwei Kinder wollen mit demselben
   Spielzeug spielen.

Spielt die Szenen nach.
Was sagt ihr?
Wie versöhnt ihr euch?

Spielen

Federleicht

Spielt dieses Spiel zu mehreren. Hier wird keiner
gewinnen und keiner verlieren, aber jeder viel
Spaß mit den anderen haben.

Du brauchst
eine Feder oder einen Ballon

Werft die Feder in die Luft, pustet sie nach
oben und versucht sie in der Luft zu halten.
Ihr könnt auch einen Ballon nehmen und
ihn mit den Händen in der Luft halten.

34 Auf den zweiten Blick

Heile, heile, Segen,
morgen gibt es Regen,
übermorgen Schnee,
und dann tuts nicht mehr weh!

Michel muss weinen. Sein Hund Oscar schaut ihn mit großen Augen an. Er spürt, dass Michel traurig ist. Oscar wedelt mit dem Schwanz. Er will Michel trösten.

Menschen, die weinen, sind meistens traurig. Menschen, die lachen, sind meistens fröhlich. Aber nicht immer erkennen wir auf den ersten Blick, wie die anderen sich fühlen. Oder wer sie wirklich sind. Dazu muss man genauer hinsehen. Immer wieder. Und auch auf ihre Stimme achten. Und sich Gedanken machen. Dann können wir die Gefühle und die Eigenschaften anderer wirklich erkennen.

Jetzt du!

✳ Wie fühlt sich jemand, der weint? Warum mag er wohl weinen?

✳ Hast du schon mal gelacht, obwohl du traurig warst und lieber geweint hättest? Das kann vorkommen. Umgekehrt gibt es auch Leute, die vor Glück weinen.

✳ Schau deine Verwandten und Freunde an und überlege dir, wie es ihnen geht. Kannst du ihnen etwas Gutes tun?

Mein Pflanzenbuch

Genau hinschauen kann man jeden Tag und überall üben.
Wenn du in den Wald und auf die Wiese gehst und Bäume
betrachtest, erkennst du an den Blättern vielleicht noch
nicht, ob es ein Apfelbaum, ein Birnbaum oder ein Kirsch-
baum ist. Wenn die Bäume aber Früchte tragen, sind sie
leichter zu bestimmen.
Sammle Blätter von verschiedenen Bäumen.

Du brauchst

Zeitung, Bücher zum Beschweren, Klebefilm, Heft, Stift

1. Lege die Blätter zum Trocknen zwischen alte Zeitungen
   und beschwere sie. So werden sie gepresst.
2. Wenn die Blätter getrocknet sind, klebe sie einzeln
   mit Klebefilm in das Heft.
3. Schreibe den Namen des Baumes darunter. Wenn du
   willst, kannst du auch noch die Frucht dazu malen.
4. Vorne auf das Heft schreibst du „Mein Pflanzenbuch".
5. Jedes Mal, wenn du hinausgehst, kannst du Blätter
   für dein Buch suchen. Mit der Zeit bekommst du eine
   tolle Sammlung und kennst dich richtig gut aus!

Kochen

Schokoladenfrüchte

Es lohnt sich auch, die anderen Sinne
zu trainieren. Denn manchmal reicht
genau hinschauen nicht.
Kannst du Früchte am Geschmack
erkennen? Auch noch mit Schokolade
drumherum? Probier es aus!

Du brauchst

200 Gramm Schokolade mit 70 % Kakao,
frische oder getrocknete Früchte
außerdem: feuerfeste Schüssel, Topf, Kochlöffel, Zahnstocher, Backpapier, Teller

1. Spieße jedes Fruchtstückchen auf
   einen Zahnstocher.
2. Gib die Schokoladenstückchen in
   eine Schüssel. Setze die Schüssel in
   einen Topf, der mit Wasser gefüllt
   ist. Die Schüssel darf nicht den Boden
   berühren. Stelle ihn auf den Herd
   und erwärme die Schokolade im
   Wasserbad.
   Rühre die Schokolade um, bis sie
   geschmolzen ist. Nimm die Schüssel
   vorsichtig aus dem Wasserbad. Lass
   dir dabei helfen.
3. Tauche ein Fruchtstückchen mit dem
   Zahnstocher in die flüssige Schokolade.
4. Lege die Früchte zum Abkühlen auf
   Backpapier und stell sie zum Erkalten
   auf einem Teller in den Kühlschrank.

35 Bin schon da!

Lea und Mama wollen Freunde besuchen. Lea freut sich. Auf die Freunde und aufs Zugfahren. Doch dann verspäten sich Lea und Mama ein kleines bisschen – und den Zug sehen sie nur noch abfahren. Was jetzt? Die Freunde wollen sie am Bahnhof abholen, Lea und Mama haben sich dort mit ihnen verabredet.

Bei einer Verabredung möchte kein Kind und kein Erwachsener lange auf den anderen warten. Pünktlich sein zeigt, wie das Einhalten aller Versprechen, immer auch Respekt vor dem anderen. Da Kinder kein ausgeprägtes Zeitgefühl haben können, sind sie hier besonders auf die Unterstützung und das Vorbild Erwachsener angewiesen. Das heißt auch: Zeitpuffer einbauen, um nicht hetzen zu müssen. Denn Hektik trübt die Vorfreude.

Jetzt du!

✳ Wie könnte die Geschichte weitergehen?

✳ Bist du schon mal zu spät gekommen?

✳ Hältst du deine Verabredungen ein?

✳ Mach einfache Versprechen. Sage nicht: „Ich verspreche dir, dass ich nie wieder zu spät komme!" Sage lieber: „Das nächste Mal bin ich bestimmt pünktlich und lass dich nicht warten!"

Basteln

Ring oder Kette

Zu deiner nächsten Verabredung kannst du deiner Freundin oder deinem Freund ein kleines Geschenk mitbringen. Zum Beispiel selbstgebastelten Schmuck.

Packe das Geschenk hübsch ein, gehe rechtzeitig los und versuche pünktlich am Treffpunkt zu sein.

Du brauchst

Plastikperlen, Perlonschnur, eine Nähnadel, Klebefilm

1. Fädele die Perlonschnur auf die Nadel.
2. Befestige das Ende der Schnur mit Klebefilm auf dem Tisch.
3. Fädele die Perlen auf. Du kannst einen Ring oder eine Kette machen.
4. Verknote den Faden zum Schluss.

Das können wir machen

Gesagt! Getan!

Wenn wir etwas verabreden, sollten wir das auch einhalten. Probiert es in einem Spiel aus!

Du brauchst

Papier, Umschläge, Stift, Würfel

Überlegt euch kleine Aufgaben, die ihr im Laufe des Spiels erfüllen müsst. Schreibt oder malt eine Aufgabe auf jedes Blatt. Zum Beispiel:

- Die Schnürsenkel aller Spieler lösen und wieder binden.
- Ein Lied singen.
- Einen Zaubertrick vorführen ...

1. Steckt jedes Blatt in einen Umschlag. Die Umschläge legt ihr in die Mitte und mischt sie.
2. Jetzt würfelt ihr reihum. Der Spieler, der eine Sechs würfelt, nimmt einen Umschlag aus der Mitte. Er liest die Aufgabe laut vor und erfüllt sie.
3. Wer die Aufgabe nicht einlöst, scheidet aus.

36 Schau links, dann rechts

Lena und Benjamin stehen mit ihren Fahrrädern an einer Ampel. Die beiden wollen ins Kino und der Film fängt bald an. „Die Ampel wird und wird nicht grün", schimpft Lena. „Ich fahr jetzt los. Es kommt ja doch kein Auto." Sie tritt in die Pedale – plötzlich quietschen Bremsen …

Kinder können Situationen im Straßenverkehr noch nicht richtig einschätzen. Daher ist äußerste Vorsicht angebracht. Wenn Erwachsene mit Kindern unterwegs sind, müssen sie die Verkehrsregeln unbedingt beachten und Kindern besonnenes Handeln zeigen.

Jetzt du!

❋ Lena wollte bei Rot über die Ampel? Wie könnte die Geschichte weitergehen?

❋ Bei Rot über die Ampel gehen oder fahren ist lebensgefährlich! Warst du auch schon unvorsichtig? Warum? Weil du es eilig hattest? Weil du ungeduldig warst? Weil du jemandem zeigen wolltest, was du kannst? Weil du jemanden nachgemacht hast?

❋ Welche gefährlichen Momente hast du schon erlebt? Hättest du sie vermeiden können?

Basteln

Rot: Bitte nicht stören!

Du kannst eine Ampel an deine Türklinke hängen. Wenn du nicht gestört werden willst, steckst du die Wäscheklammer an den roten Kreis, wenn Besuch willkommen ist, an den grünen Kreis.

Du brauchst
gelben Karton (A3), Buntpapier in Grün, Rot und Orange, Schere, Klebstoff, Locher, Schnur, Wäscheklammer

1. Falte den Karton in der Mitte.
2. Zeichne eine Ampel außen auf den Karton. Du kannst dazu die Vorlage auf Seite 124 abmalen oder abpausen.

3. Schneide die drei Kreise aus.
4. Klebe Buntpapier von innen auf den Karton. Hinter jedes Loch klebst du eine andere Farbe wie bei einer Ampel.
5. Klebe die beiden Kartonseiten aufeinander.
6. Mache oben ein Loch in die Ampel und ziehe eine Schnur zum Aufhängen durch.

Du kannst auch für die anderen Zimmer bei euch Ampeln basteln. Dann achten alle, bevor sie in ein Zimmer treten, auf die Farbe der Ampel.

Bei Rot gehen, bei Grün stehen!

*Schau links, dann rechts,
dann geh gerade aus,
so kommst du sicher
und gesund nach Haus.*

Das können wir machen

Genau gesehen

Sprecht in eurer Familie über unvorsichtige Menschen und über gefährliche Momente, die ihr auf der Straße beobachtet habt.

- Was habt ihr gesehen?
- Was hätte passieren können?
- Hätte man die Gefahr vermeiden können?

Lirum, larum, Löffelstiel,
wer nichts lernt,
der kann nicht viel.

Lottas Tante hat einen Laden, wo sie Obst und Gemüse verkauft. Lotta möchte die Namen all der Sachen wissen, die es dort gibt. Viele kennt Lotta schon, andere noch nicht. Lotta findet es toll, neue Wörter kennen zu lernen. Und wenn sie sich etwas nicht merken kann, macht das nichts. Sie kommt ja wieder.

> Wer sich etwas merken will, muss sein Gedächtnis aktivieren und trainieren. Kinder sind dazu gerne bereit. Sie lernen gern und mögen es, neu Gelerntes zu wiederholen. Wenn dies spielerisch geschieht, umso besser. Wenn sie mit Spaß bei der Sache sind und Erfolg haben, fühlen sie sich in ihrem Vorhaben bestärkt.

Jetzt du!

✳ Welches Obst kennst du? Und welches Gemüse?

✳ Wenn du dir etwas merken willst, musst du immer mal wieder fest daran denken. Such dir ein Gedicht in diesem Buch aus – und versuche es dir zu merken.

✳ Welche Gedichte und Lieder kannst du auswendig?

Erinnerungsplakat

Woran willst du dich erinnern? Welches Erlebnis hat dir besonders gut gefallen? Du kannst ein Erinnerungsplakat basteln und dort Bilder oder Andenken aufhängen.

Du brauchst
Karton, Stifte, Pinsel, Locher, Faden, Schere

1. Überlege dir, wie groß dein Plakat werden soll. Schneide den Karton zurecht.
2. Male um das Plakat ringsherum einen Schmuckrand. Vorschläge findest du auf dieser Seite.
3. In die Mitte deines Plakats schreibst oder malst du, woran du dich erinnern willst. Was war schön? Dein Geburtstag? Der Besuch im Zoo? Die Ferien? Lass dir Zeit zum Nachdenken. Du kannst auch Fotos aufkleben oder eine Collage machen. Wenn du dir ein Gedicht merken willst, kannst du es aufschreiben.
4. Mache oben in das Plakat zwei Löcher. Ziehe dort den Faden durch und verknote ihn.
5. Hänge dein Plakat an einem schönen Platz auf.

Theaterstück

Gemeinsam mit deinen Freunden oder mit deiner Familie planst du ein Theaterstück. Was ist zu tun? Auf jeden Fall müsst ihr immer wieder üben. Das kann viel Spaß machen!

- Überlegt, was ihr aufführen wollt. Wählt ein Märchen oder eine Geschichte aus.
- Denkt euch das Bühnenbild aus.
- Wollt ihr Musik dazu haben? Welche Lieder?
- Entwerft Eintrittskarten und ein Programm für die Besucher.
- Verteilt die Einladungen.
- Verteilt die Rollen: Wer macht was? Wer sind die Schauspieler? Wer ist der Tontechniker, wer der Platzanweiser?
- Übt das Stück ein.

38 vertragen wir uns?

Brüderlein, komm, tanz mit mir,
beide Hände reich ich dir.
Einmal hin, einmal her,
rundherum, das ist nicht schwer.

Vor ein paar Tagen haben sich Amelie und
Markus gestritten. Warum eigentlich?
Das wissen sie schon gar nicht mehr so
genau. Sie wollen sich wieder vertragen
und geben sich zum Zeichen die Hand.
Jetzt geht es ihnen besser!

> Zwischen Kindern wird es immer wieder zum
> Streit kommen. Wichtig ist, dass sie lernen,
> sich danach zu versöhnen, den anderen um
> Verzeihung zu bitten und ihm die Hand zu
> reichen. Sie sollten auch lernen, zu vergeben
> und nicht nachtragend zu sein.

Jetzt du!

✳ Wann hast du dich das letzte Mal gestritten?
Mit wem? Und warum?

✳ Wie ging es dir nach dem Streit? Warst du
wütend? Oder traurig? Was hast du gemacht?

✳ Habt ihr es geschafft, euch wieder zu
versöhnen?

✳ Welche Möglichkeiten gibt es, um einen
Streit zu beenden?

Das können wir machen

Friedenstaube

Wie verträgt man sich nach einem Streit?
Wenn sich Indianer versöhnen, rauchen sie
die Friedenspfeife. Ihr könnt es mit einer
Friedenstaube versuchen.

Du brauchst
Stifte, Papier (etwa 2 m x 2 m), Teelichter

1. Die Streithähne malen gemeinsam eine große
   Friedenstaube auf das Papier.
2. Legt das Bild auf den Boden und stellt
   Teelichter darauf.
   Zündet die Kerzen vorsichtig an.
3. Jetzt setzt ihr euch dazu und erzählt nach-
   einander, warum ihr euch gestritten habt.
   Dann schließt ihr Frieden.

TIPP:
Vielleicht kennst du auch einen Platz oder Hof,
wo du die Friedenstaube mit Kreide auf
den Boden malen darfst.

Das können wir machen

weg mit dem Ärger

Wenn du nach einem Streit
wütend bist, lässt du deinen
Ärger am besten raus.
Dann geht es dir besser
und du kannst dich
leichter versöhnen.
Probier es aus!

Male oder schreibe
auf ein Blatt Papier,
worüber du dich
geärgert hast. Dann
nimm das Blatt Papier
und zerreiße es in
klitzekleine Teile.
Wirf die Schnipsel
in den Mülleimer!
Weg mit dem Ärger!

Ihr könnt den Ärger
auch zu zweit zerreißen.

39 Gemeinsam stark

Hänsel und Gretel
verirrten sich im Wald.
Es war so finster
und auch so bitterkalt ...

Jens hat mit seiner Familie ein Picknick im Wald gemacht. Ihren Müll nehmen sie wieder mit. Als Jens die Sachen einsammelt, sieht er, dass andere ihren Müll im Wald vergessen haben. Den nimmt er auch mit, obwohl es nicht sein Abfall ist. So hilft er, den Wald sauber zu halten: für alle!

Wir alle leben in einer Gemeinschaft: in einer Familie, in einem Haus, in einer Gemeinde, in einem Land, auf einem Kontinent, auf der Erde. In der Gruppe sind alle aufeinander angewiesen. Kinder sollten ein Bewusstsein entwickeln, dass sie Teil einer Gemeinschaft sind und zu deren Wohl beitragen können.

Jetzt du!

✱ Wie kannst du dich für andere stark machen? Vielleicht deinem Freund oder deiner Schwester bei den Hausaufgaben helfen? Den Hund einer alten Nachbarin ausführen? Eine kranke Tante besuchen? Einem Straßenmusiker für seine schöne Musik eine Münze geben? Was fällt dir noch ein?

✱ Wer hat dir schon geholfen? Warst du froh darüber?

✱ Kennst du das Märchen von Hänsel und Gretel? Weil die beiden Geschwister sich gegenseitig helfen und zusammenhalten, schaffen sie es, alle schwierigen Situationen zu meistern. Selbst mit der bösen Hexe werden sie fertig.

Vogelhochzeit

Singe zusammen mit deinen Freunden oder
deiner Familie ein lustiges Lied. Auch da könnt
ihr spüren: Gemeinsam sind wir stark!

Ein Vogel wollte Hochzeit machen
in dem grünen Walde.
Fidirallala, fidirallala, fidirallalala.

Die Drossel war der Bräutigam,
die Amsel war die Braute ...

Die Lerche, die Lerche,
die führt die Braut zur Kerche ...

Die Taube, die Taube,
die bringt der Braut die Haube ...

1000 Arten zu helfen

Es ist wichtig, in der Familie darauf zu achten,
dass es allen gut geht.
Aber wir sollten auch für andere da sein.
Überlege dir mit deiner Familie, wie ihr gemeinsam
etwas Gutes tun oder helfen könnt.

Zum Beispiel:
- In der Familie helfen alle mit, das Essen
  zuzubereiten, den Tisch zu decken oder
  das Geschirr zu spülen.
  Wobei kannst du noch helfen?
- Wir organisieren einen gemeinsamen Imbiss
  oder ein gemeinsames Picknick mit Freunden.
  Jeder bringt etwas zum Essen mit.
- Wir sammeln gemeinsam Müll im Wald ein oder
  säubern einen Bach ...
- Wir kennen ältere Leute, die alleine sind. Viel-
  leicht freuen sie sich über Besuch oder über Hilfe.

Wir teilen nicht nur das Essen.
Wir teilen auch die Arbeit:
Gemeinsam räumen
wir alles auf.

40 Streit schlichten

1, 2, 3, 4, 5, 6, 7,
wo ist nur mein Freund geblieben?
Ist nicht hier, ist nicht da,
ist wohl in Amerika.

Auf dem Spielplatz streiten sich zwei Kinder lautstark. Ingo, Peter und Jo stehen daneben und wollen weiterspielen, nicht streiten. Sie halten sich solange den Mund, die Ohren und die Augen zu – wird schon vorbeigehen!

> Im Kindergarten, in der Schule, in der Familie oder unter Freunden – überall kann es mal Ärger, Enttäuschungen und Streit geben. Kinder müssen dabei nicht passiv sein. Sie können lernen zu reagieren und anderen helfen, Konflikte zu lösen.

Jetzt du!

❋ Wenn man selbst streitet, ist es manchmal schwer nachzugeben und aufzuhören. Dann ist man froh, wenn jemand hilft und den Streit schlichtet. Kennst du das?

❋ Hast du schon mal anderen geholfen, einen Streit zu beenden?

❋ Es ist leichter, zu streiten und Streit zu beenden, wenn man Regeln ausgemacht hat:

Schlagen und beißen gilt nicht.
Jeder darf seine Meinung sagen und wird nicht unterbrochen.
Nach dem Streit geht jeder in eine stille Ecke und erholt sich. Dann trifft man sich wieder.

Das können wir machen

Die stille Ecke

Streithähnen tut es gut, wenn sie es sich nach einem Streit in einem ruhigen Zimmer bei sanftem Licht gemütlich machen:
Sich bequem hinsetzen, die Augen schließen und leise Musik hören …
Das entspannt und der Ärger verfliegt.
Die Versöhnung fällt jetzt viel leichter.

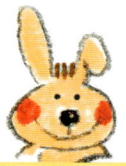

Sich in eine stille Ecke verziehen und zur Ruhe kommen: Das hilft bei Ärger und Streit.

Wir machen einen Film

Man kann eine andere Meinung haben und sich trotzdem vertragen. Tut so, als würdet ihr einen Film drehen, und probiert es aus:

- Was für Rollen wollt ihr spielen? Und was für Szenen?
- Der Erste sagt etwas … der Zweite ist anderer Meinung … Wie kann es weitergehen? Auch hier gilt: ausreden lassen. Vertragt ihr euch? Oder braucht ihr Hilfe?
- In der nächsten Runde sagt der Zweite zuerst seine Meinung …
- Am Schluss erzählt jeder einen Witz. Dann lacht ihr gemeinsam darüber.

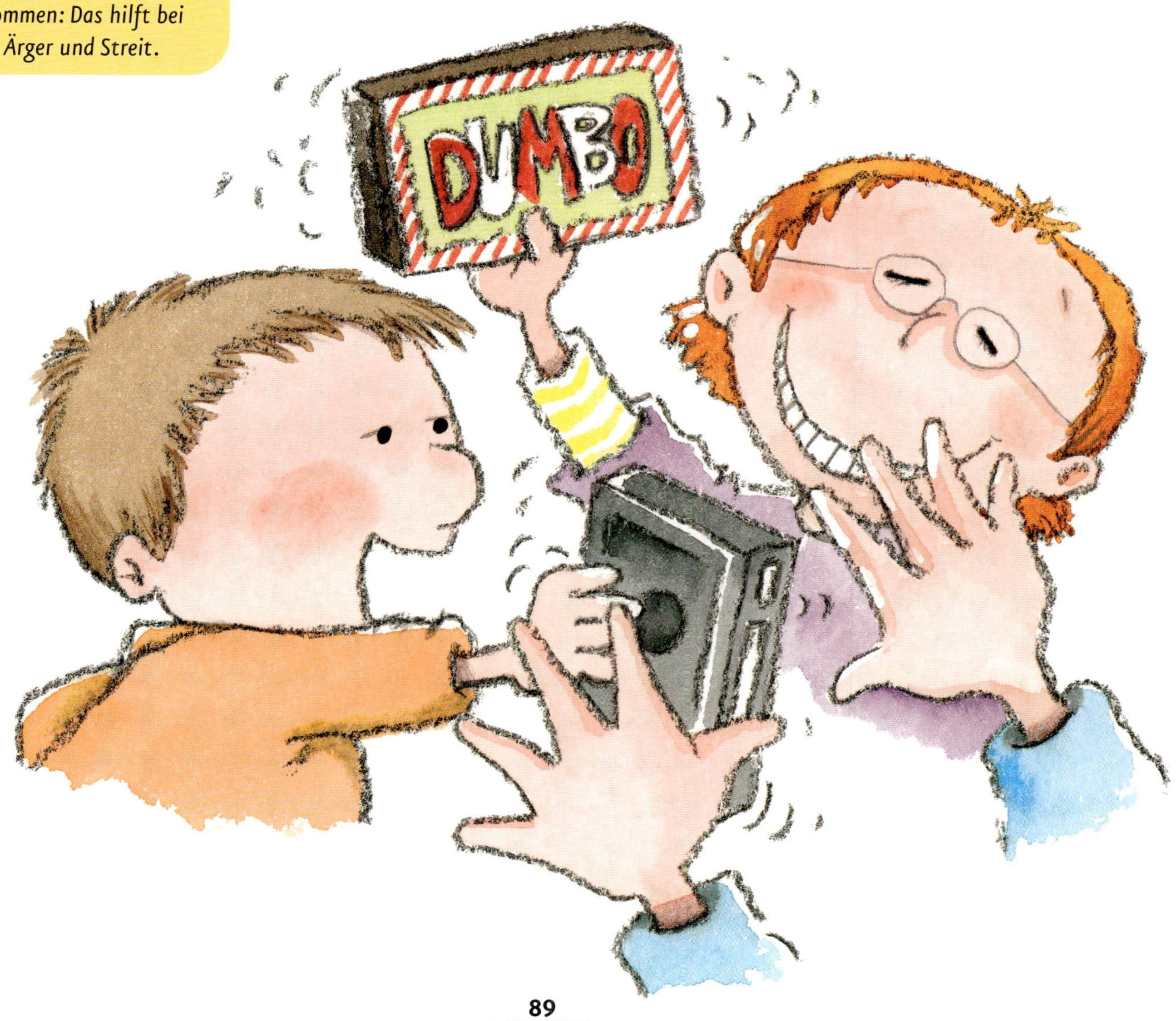

41 Respekt!

„Ruuummmsss!"
Auf der Straße sind zwei Autos zusammen-
gestoßen.
Die Fahrer steigen aus. Herr Müller ist
total wütend! Sein schönes neues Auto
hat nun eine Delle!

Auch im größten Ärger gilt es, Respekt zu
wahren. Erwachsene sollten Kindern hierin
ein Vorbild sein. Wenn wir geachtet werden
wollen, müssen wir auch die anderen achten:
Respekt ist grundlegend für das Zusammenleben. Wir sollten darauf achten, wie wir
etwas zu anderen sagen und wie wir mit
ihnen umgehen. Und Kindern signalisieren:
Jeder ist wichtig und wertvoll.

Jetzt du!

✱ Betrachte das Bild auf dieser Seite.
Wie könnte die Geschichte weitergehen?

✱ Auch wenn man sich über andere ärgert,
ist es wichtig, den anderen zu achten.
Jeder macht Fehler!

✱ Wann hast du schon einmal etwas
kaputt gemacht?
War der andere trotzdem
freundlich zu dir?

✱ Wie kann man
anderen zeigen,
dass man sie achtet?

✱ Jeder Mensch verdient Achtung.

Kaiser, König, Edelmann,
Bürger, Bauer, Bettelmann,
Schuster, Schneider, Leinenweber,
Doktor, Kaufmann, Totengräber.

An Bord

Spielt gemeinsam. Vorher trefft ihr eine Verein-
barung: Jeder achtet die anderen Mitspieler und
verhält sich ihnen gegenüber freundlich und
respektvoll.

Stellt euch vor, ihr seid Reisende auf einem Schiff,
das zu einem unbekannten Erdteil aufbricht.
Alle dürfen einsteigen – bis auf einen. Denn das
Schiff ist überladen. Gemeinsam entscheidet ihr,
wer nicht auf das Schiff darf. Wie macht ihr das?

1. Jeder sucht sich einen Beruf aus. Nacheinander
   begründet ihr, warum euer Beruf unbedingt
   auf dem Schiff vertreten sein muss. Ein Koch
   ist auf einer Schiffsreise zum Beispiel nützlicher
   als ein Pilot …
3. Anschließend besprecht ihr, was jeder gesagt
   hat, und macht eine Liste: Welche Berufe
   sollen unbedingt auf das Schiff? Auf welche
   könntet ihr während der Reise verzichten?
4. Dann stimmt ab. Welcher Beruf bekommt die
   wenigsten Stimmen? Derjenige Spieler darf
   nicht mit an Bord.

Auch der Spieler, der die Reise nicht antritt, wird
von allen Mitspielern freundlich und respektvoll
behandelt! Verabschiedet euch von ihm.

Darf ich reinkommen?

Du kannst auch andere bitten, auf dich Rücksicht
zu nehmen. Zum Beispiel mit einem Schild an
deiner Tür. Sei dabei freundlich. Dann erfüllen
sie dir deine Wünsche lieber.

Du brauchst
Karton, Schere, Stifte, Schnur, Locher

1. Schneide Schilder aus dem Karton.
2. Schreibe oder male deine Bitte
   darauf, zum Beispiel:
   „Bitte seid ruhig, ich arbeite."
   Oder: „Pssst, ich schlafe."
3. Male die Schilder an.
4. Mache Löcher in den
   oberen Teil.
5. Knote die Schnur an den
   Löchern fest. Fertig!

Jetzt kannst du die Schilder an
deiner Zimmertür aufhängen.

42 Mitgedacht

Es war einmal ein Männchen,
das kroch in ein Kännchen,
dann kroch es wieder raus,
da war die Geschichte aus.

Emma fährt mit ihrem Papa im Auto zum Einkaufen. Sie erzählt ihm, was sie heute alles erlebt hat. Als der Vater sich nach ihr umdreht, sieht er, dass sie nicht angeschnallt ist. Eigentlich weiß Emma selbst, dass sie sich im Auto immer anschnallen muss!

Eltern denken für ihre Kinder mit. Dennoch sollten auch Kinder im eigenen Interesse lernen, selbstständig und vorausschauend zu denken und zu handeln. Verantwortungsbewusst sein bedeutet, für sich und sein Handeln einzustehen.

Jetzt du!

✲ Schau dir das Bild auf dieser Seite an. Was macht Emma im Auto richtig? Was macht sie falsch?

✲ Worauf achtest du, wenn du im Auto mitfährst? Schnallst du dich immer an?

✲ Gehst du immer nur bei Grün über die Straße?

✲ Wofür kannst du verantwortlich sein? Du kannst ein Baby oder ein Haustier versorgen, dein Rad in Ordnung halten, auf deine Kleidung achten, Blumen gießen, das Altglas wegbringen … Was fällt dir noch ein?

Pläne schmieden

Den Tag über machen wir vieles, ohne darüber nachzudenken. Dabei ist es wichtig, dass wir uns Gedanken machen, über das, was wir tun. Denn wir sind verantwortlich dafür.

Du brauchst
Heft, Stift

Nimm dir jede Woche etwas vor, was du sonst nicht machst oder was dich Überwindung kostet, zum Beispiel:

- Ich mache mein Bett.
- Ich putze meine Schuhe.
- Ich füttere die Fische.
- Ich sage keine Schimpfwörter.
- Ich ärgere mich nicht …

Schreibe oder male das, was du dir vornimmst, in ein Heft und versuche es jeden Tag umzusetzen. Vor dem Schlafengehen denkst du über den Tag nach: Hast du deinen Plan verwirklicht oder nicht? Trage es in dein Heft ein.

Spielen

Dem König folgen

1. Die Spieler bilden eine Schlange. Ein Spieler ist der König. Er führt die Schlange an.
2. Alle anderen folgen den Anweisungen des Königs. Wenn der König rennt, rennen alle. Der König beginnt einen Parcours, alle anderen folgen: alle springen, kriechen, hüpfen, winken …

Wechselt ab. Jeder darf mal König sein.

43 Ich bin gut!

Mein Hut, der hat drei Ecken,
drei Ecken hat mein Hut,
und hätt er nicht drei Ecken,
so wär es nicht mein Hut.

Sibylle läuft mit dem Wind und den Blättern um die Wette. Sie kann ganz toll und schnell rennen. Und das weiß sie auch. Einmal hat sie bei einem Wettlauf sogar einen Preis bekommen. Aber sie kann noch mehr gut: Sie kann Rad fahren und schwimmen und Witze erzählen!

> Das kennt schon jedes Kind: Wenn wir Vertrauen in uns selbst haben und uns sicher fühlen, gelingt fast alles! Auch mit kleinen Enttäuschungen werden wir besser fertig. Daher ist es wichtig, dass Kinder Beschäftigungen finden, aus denen sie Bestätigung ziehen. So werden sie sicher!

Jetzt du!

❂ Was kannst du besonders gut?
Worauf bist du stolz?
Was möchtest du noch besser können?

❂ Was möchtest du richtig gut können, wenn du groß bist?
Was möchtest du werden?

❂ Was gefällt dir an dir? Schau in den Spiegel und betrachte dich von allen Seiten.

❂ Worin sind dir deine Freunde ähnlich? Worin unterscheidest du dich von ihnen?

Experimentieren

Fühlkarton

Es macht Spaß, mit anderen zusammen zu spielen.
Und ihr werdet feststellen: Jeder kann was anderes
gut.

Du brauchst
Schuhkarton, Stoff, Schere, Klebstoff,
verschiedene harte und weiche Gegenstände wie
Schwamm, Watte, Steine, Radiergummi …

1. Stelle den Karton ohne Deckel mit der offenen
   Seite nach vorne auf, so dass du deine Hand
   hineinstecken kannst.
2. Klebe den Stoff wie einen Vorhang vor die
   Öffnung.
3. Lege nun einen der Gegenstände hinter
   den Vorhang in den Karton.

Die Mitspieler stecken nacheinander ihre Hand
durch das Loch und ertasten den Gegenstand im
Karton. Wer den Gegenstand errät, legt etwas
Neues hinein. Dann ist der nächste Spieler mit
Raten dran.

Spielen

Blinde Kuh

*Eichen, Buchen, Tannen,
und du musst fangen.
Eichen, Tannen, Buchen,
und du musst suchen.*

Du brauchst
Schal oder Tuch

Einem Spieler werden die Augen verbunden. Mit
verbundenen Augen versucht er, einen anderen
zu fangen und zu erraten, wen er gefangen hat.
Dieser Spieler wird dann in der nächsten Runde
die blinde Kuh.

Tipp
*Du kannst dir die Augen
verbinden und versuchen,
Lebensmittel oder Gewürze
am Geruch zu erraten.*

44 Gönnen können

Paula jammert: „Alle haben ein Handy! Nur ich nicht! Ich möchte auch eins!" Die Mutter tröstet sie: „Überleg mal, wozu brauchst du ein Handy? Nur weil die anderen eines haben? Du hast doch auch Sachen, die die anderen nicht haben."

> Oft vergleichen sich Kinder mit anderen. Sie wollen so sein wie ihre Freunde und die gleichen Sachen haben. Für Kinder ist es wichtig, ihre Eigenständigkeit zu entwickeln, sich auf das Eigene zu besinnen und sich darüber zu freuen. Dann gelingt es, anderen etwas ohne Neid zu gönnen.

Jetzt du!

* Kannst du dich mit anderen freuen, wenn sie etwas haben, was du nicht hast?

* Warst du schon mal neidisch? Warum?

* Was hast du, was andere nicht haben? Vielleicht bist du fröhlicher oder kannst schöner lachen.

* Was gefällt dir an deinen besten Freunden besonders gut? Was gefällt ihnen an dir?

Basteln und spielen

wie sieht Neid aus?

Ihr könnt malen oder spielen, wie Neid aussieht. Und wie es aussieht, wenn man anderen etwas gönnt und sich zusammen mit ihnen freut.

Du brauchst
Papier, Stifte, Schere, Klebstoff

1. Fallen dir Neid-Beispiele aus Märchen ein? Oder aus dem Fernsehen? Du kannst auch Erwachsene nach Beispielen fragen.
2. Beschreibe oder male die Neid-Beispiele auf Papier. Oder klebe Bilder aus Zeitschriften ein. Aus dem Papier faltest du dann eine Zeitung.
3. Schaut euch die Neid-Zeitung an. Verstehst du den Neid? Spielt die Szenen nach. Was hat der Neid gebracht? Fallen euch bessere Lösungen ein?
4. Nun kannst du noch eine Zeitung mit Beispielen machen, die zeigen, wie sich Leute gemeinsam freuen … Spielt auch das nach.

Das können wir machen

Meins! Deins!

Wenn man neidisch ist, fühlt man sich nicht wohl. Darum tut es gut, wenn man über seine Gefühle nachdenkt und spricht – und dann merkt: Es ist schön, anderen etwas zu gönnen.

Du brauchst
verschiedene Süßigkeiten wie Kekse, Kaugummi, Bonbons …

1. Zum Essen kannst du ein paar Tage lang jeden am Tisch mit einer Süßigkeit überraschen, die du vorher in Servietten eingewickelt hast: Zuerst bekommt jeder eine andere Süßigkeit und behält sie auch. Keiner tauscht sie um, selbst wenn er lieber eine andere hätte.
2. Am nächsten Tag darf getauscht werden.
3. Am letzten Tag erhalten alle die gleiche Süßigkeit.

Gemeinsam besprecht ihr, was passiert ist und wie sich jeder gefühlt hat.

45 Da steh ich drüber!

Ich und du,
Müllers Kuh,
Müllers Esel,
das bist du.

Tom ist neu auf dem Spielplatz. Die anderen
Kinder ärgern ihn und rufen ihm Sachen
nach wie: „Müllers Esel, das bist du!"
Aber Tom lässt sich nicht ärgern. Er weiß,
dass er kein Esel ist, und ruft zurück:
„Das bin ich noch lange nicht, sag mir erst,
wie alt du bist."
Die anderen Kinder sind überrascht, dass
Tom so ruhig bleibt. Nach einer Weile
fragen sie ihn, ob er mitspielen will.

> Es ist wichtig, dass Kinder ihren Wert
> kennen. So können sie sich in einer Gruppe
> besser behaupten und auf Angriffe gelassen
> reagieren. Wenn sie sich nicht verunsichern
> lassen, kommen sie mit Hänseleien und
> schwierigen Situationen besser zurecht.

Jetzt du!

✴ Wie hättest du an Toms Stelle reagiert?

✴ Was machst du, wenn andere dich ärgern?
Wirst du wütend oder bleibst du ruhig?

✴ Hast du schon erlebt, dass es gut war,
ruhig zu bleiben?
Probier es mal aus.

Immer mit der Ruhe

Gelassenheit kannst du auch üben.

◎ Wickel Wolle zu einem Knäuel auf. Bleibst du
dabei gelassen? Auch wenn die Wolle ganz
verheddert ist? Vielleicht hilft es dir, wenn du
dabei langsam zählst oder ein Lied singst.
◎ Schneide ein Bild aus einem Kalender oder
einem Prospekt aus. Schneide daraus
ein Puzzle und lege es
wieder zusammen.
◎ Balanciere
über einen
Baumstamm.

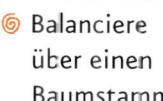

Spielen

Gelassen bleiben

Überlege dir zusammen mit deiner Familie
Situationen, in denen du besser ruhig und
gelassen bleibst, als dich aufzuregen oder
unruhig zu werden.
Zum Beispiel, …

◎ wenn du dich verlaufen hast,
◎ wenn du den Weg nicht mehr weißt,
◎ wenn dich eine Biene sticht,
◎ wenn dir eine Schlange über den Weg läuft,
◎ wenn etwas anfängt zu brennen …

Was kannst du tun?
Spielt die Situationen nach.

Tipp
*Bevor du dich aufregst,
beginne langsam zu zählen
– bis du wieder ruhig bist.*

46 Komm, ich helf dir!

Zeigt her eure Füße, zeigt her eure Schuh,
und sehet den fleißigen Waschfrauen zu.
Sie waschen, sie waschen, sie waschen den ganzen Tag.
Sie waschen, sie waschen, sie waschen den ganzen Tag.

... sie wringen ... hängen ... legen ... bügeln ... tanzen ...

Lars hat eingekauft. Lotte legt die Wäsche zusammen.
Sie helfen gerne im Haushalt. Dabei machen beide,
was sie besonders gut können. Für Lars und Lotte ist
es ein bisschen wie spielen. Und ihre Eltern freuen sich.

Wenn Kinder zu Hause eine Aufgabe übernehmen, übernehmen sie damit eine zusätzliche Rolle in der Familie. Sie erfahren Anerkennung für ihre Mithilfe, was sie bestärkt, und sie finden ohne Leistungsdruck heraus, wo ihre Fähigkeiten liegen. Indem sie ihre Stärken einbringen, helfen sie mit.

Jetzt du!

❋ Was machst du gerne im Haushalt?

❋ Was kannst du im Haushalt alleine tun?
Was kannst du zusammen mit anderen tun?

❋ Im Märchen von Frau Holle wird das hilfsbereite Mädchen von Frau Holle mit Gold belohnt, das faule bekommt nur Pech. Kennst du andere Geschichten, in denen einer dem anderen hilft?

Das können wir machen

Alle zusammen

Jeder hat besondere Fähigkeiten. Zusammen mit deiner Familie planst du ein Essen. Ihr überlegt, wer was gut kann und verteilt danach die Aufgaben.

Dann gehts los:

- Wer gut schreiben oder schnell tippen kann, schreibt das Rezept und verteilt es an alle, die es möchten.
- Wer gerne einkauft, besorgt die Zutaten für das Essen.
- Beim Zubereiten helfen mehrere mit.
- Wer schön malen oder schreiben kann, erstellt die Tischkärtchen.
- Wer sich mit Musik auskennt, legt zum Essen eine CD auf. Oder wer ein Instrument spielen kann, probt ein kleines Stück ein.

Käse-Schinken-Röllchen

Du brauchst

pro Sandwich: eine Scheibe Weißbrot (Toastbrot), zwei Streichkäseecken, eine Scheibe gekochten Schinken, Alufolie, Messer

TIPP: Auch andere Zutaten sind möglich!

1. Lege eine Scheibe Brot auf ein Stück Alufolie.
2. Verstreiche eine Käseecke mit dem Messer auf dem Brot.
3. Lege Schinken darauf.
4. Verstreiche die zweite Käseecke auf dem Schinken.
5. Rolle das Brot wie auf dem Bild und wickle es in Alufolie ein.
6. Lege es ein paar Stunden in den Kühlschrank.

Die Brote können eingewickelt serviert werden. Dann sehen sie aus wie große Knallbonbons. Du kannst die Brote aber auch auspacken und in Scheiben schneiden, wie du es auf dem Bild siehst.

Guten Appetit!

Guten Appetit!

Frieda findet, das Essen sieht heute komisch aus. Probiert hat sie es noch nicht. Trotzdem schimpft sie gleich los: „Nein! Das ess ich nicht! Das schmeckt mir nicht!"

Kinder sind wählerisch, was das Essen angeht. Wenn es ihr Lieblingsgericht gibt, freuen sie sich. Bei Speisen, die sie nicht kennen, sind sie skeptisch. Kinder nehmen das tägliche Essen meist als etwas Selbstverständliches an. Wenn sie erfahren, welche Schritte täglich nötig sind, bis das Essen auf den Tisch und auf ihren Teller kommt, werden sie es besser wertschätzen können.

Jetzt du!

✴ Gibt es Speisen, die du nicht essen magst? Hast du sie probiert?

✴ Hast du schon mal selber etwas gekocht? Hat den anderen dein Essen geschmeckt?

✴ Lässt du dir beim Essen Zeit und genießt es?

✴ Sagst du es, wenn dir das Essen gut schmeckt?

✴ Was ist dein Lieblingsessen? Darfst du es dir manchmal wünschen? Bedankst du dich dann bei der Köchin oder dem Koch?

Danke für das Essen!

Jeden Tag müssen wir essen. Sonst werden wir krank.
Und jeden Tag gibt es etwas zu essen. Aber das Essen
kommt nicht von allein wie der Hunger. Wir müssen es
immer wieder neu auswählen, bezahlen, nach Hause
bringen, zubereiten … Viele Schritte sind nötig, bis
das Essen auf den Tisch und auf deinen Teller kommt.

🌀 Was würdest du am Wochenende gerne essen? Schreibe
oder male auf, was dafür eingekauft werden muss.

🌀 Jeder in deiner Familie malt oder schreibt auf einzelne
Kärtchen, was er gerne essen möchte. Mischt die Kärtchen. Jeder zieht eines. Passen die Speisen zusammen?

🌀 Wer kümmert sich bei dir zu Hause um das Essen?
Essen zuzubereiten braucht Zeit. Da ist es schön, wenn
ihr euch auch am Tisch Zeit dafür nehmt. Bevor ihr zu
essen beginnt, könnt ihr „Danke" sagen. Ihr könnt auch
ein Tischgebet oder ein kleines Gedicht sprechen.

Jedes Tierlein hat sein Essen,
jedes Blümlein trinkt von dir,
hast auch uns noch nie vergessen,
lieber Gott, wir danken dir.

Abzählverse

Eins und zwei und drei und vier,
sapperlot, was gibt es hier?
Gänsebraten und Spinat,
Wiener Schnitzel und Salat,
Traubensaft und Milch und Wein,
liebes Kind,
du sollst es sein!

1, 2, 3, 4, 5, 6, 7,
eine alte Frau kocht Rüben,
eine alte Frau kocht Speck,
und du bist weg!

Kennst du noch mehr Abzählreime,
die mit dem Essen zu tun haben?

48 Meins und deins

Ein Taler in der Hand,
kannst dir kaufen Sand und Land,
Haus und Hof, Pferd und Kuh
und ein Füllen noch dazu.

Leon hat im Park einen Geldbeutel gefunden. Er zählt die Münzen und überlegt, was er sich von dem Geld alles kaufen kann! Dann fällt ihm ein, dass der Geldbeutel sicher jemandem gehört. Er stellt sich vor, wie es wäre, wenn er etwas Kostbares verlieren würde. Nun will Leon das Fundstück doch lieber zurückgeben.

> Wenn wir etwas verlieren, ärgern wir uns und sind traurig. Wir hoffen auf einen ehrlichen Finder, der uns zurückgibt, was uns gehört. Wenn Kinder zwischen „mein" und „dein" unterscheiden lernen, respektieren sie auch den Besitz anderer. Dann werden sie nichts behalten, was ihnen nicht gehört und niemandem etwas wegnehmen, was ihnen nicht zusteht.

Jetzt du!

✳ Was machst du, wenn du etwas Wertvolles findest? Was kannst du tun?

✳ Hast du schon mal etwas verloren? Hast du es wiederbekommen?

Eine Geschichte

Zacharias und das Geld

Zacharias war ein sehr reicher Mann. Er hatte viel Geld, aber keine Freunde. Die Leute mochten ihn nicht, weil er Steuern eintrieb und mehr Geld nahm, als ihm zustand.

Eines Tages hörte Zacharias, dass Jesus in der Nähe sei. Zacharias wollte ihn sehen, aber so viele Menschen hatten sich schon versammelt! Und alle waren größer als er. Deshalb stieg er auf einen Baum, um Jesus besser sehen zu können.
Dann kam Jesus vorbei. Er schaute zu dem Baum, auf dem Zacharias saß, und sagte: „Zacharias, steig herunter, denn ich will dich heute in deinem Haus besuchen kommen."
Zacharias freute sich so sehr, dass Jesus ihn wie einen Freund angesprochen hatte und ihn besuchen wollte, dass er zu ihm sagte: „Jesus, ich werde den Armen die Hälfte meines Geldes überlassen und allen das Geld zurückgeben, das ich ihnen abgenommen habe. Besser noch, ich geben ihnen das Vierfache zurück."
Mit diesem Tag änderte Zacharias sein Verhalten. Nie wieder nahm er von den Leuten Geld, das ihm nicht zustand.

Das können wir machen

Wir spielen Theater

Spiel mit deiner Familie oder mit deinen Freunden die Geschichte von Zacharias nach. Verkleidet euch dazu. Tauscht auch einmal die Rollen.

Freunde sind wichtiger als alles Geld der Welt!

49 Zum Glück!

Bunt sind schon die Wälder,
gelb die Stoppelfelder,
und der Herbst beginnt.
Rote Blätter fallen,
graue Nebel wallen,
kühler weht der Wind.

Der Wind bläst. Anja zieht ihre Schuhe an
und läuft nach draußen auf die Wiese.
Dort lässt sie Drachen steigen. Es klappt
toll! Die Drachen flattern im Wind.
Anja lacht und ist glücklich.

> Kinder sind oft spontan in ihrem Handeln.
> Wenn sie sich im Freien austoben möchten,
> kann ihnen auch „schlechtes" Wetter nichts
> anhaben. Sie geben gern ihrer Lust nach
> und ziehen Glücksmomente aus ihrem Tun.
> Darin sollte man sie unterstützen. Glückliche
> Menschen verstehen es, aus jeder Situation
> das Beste zu machen.

Jetzt du!

✳ Anja ist ein fröhliches Kind. Ihr fällt immer
etwas ein, was ihr Spaß macht. In jeder
Jahreszeit und bei jedem Wetter entdeckt
sie viel Schönes.
Was macht dich im Frühling froh? Und im
Sommer? Im Herbst? Im Winter?

✳ Kennst du den Jungen mit der
Glückshaut aus dem Märchen
„Der Teufel mit den drei
goldenen Haaren"?
Weil er eine Glückshaut
hat, gelingt ihm alles.
Er übersteht jedes
Abenteuer, auch das
in der Hölle bei
der Großmutter
des Teufels.
Am Schluss heiratet
er die Königstochter.
Lies das Märchen.

✳ Stell dir vor, du hast
eine Glückshaut ...

> *Wenn du unglücklich bist,*
> *dann stell dir vor,*
> *du ziehst dir*
> *eine Glückshaut über.*

Bei wind und wetter

Würdest du gern im Freien spielen und kannst nicht, weil das Wetter zu schlecht ist? Kein Grund für miese Laune. Mach das Beste daraus! Mach es dir drinnen gemütlich und bastle etwas.

Du brauchst

festes Papier, Pappe, Filzstifte, Klebstoff, Lineal, Schere, Cutter, Locher, Bänder und Wolle,

1. Schreibe ein Lied auf das Papier oder male ein Wetterbild.
2. Nimm Pappe in der Größe des Papierblattes. Das wird der Rahmen. Schneide in der Mitte ein Viereck aus.
3. Klebe den Rahmen auf das Papier.
4. Mache mit dem Locher einige Löcher rundherum.
5. Zieh Wolle und Bänder durch die Löcher.

Das gerahmte Bild kannst du aufhängen oder verschenken.

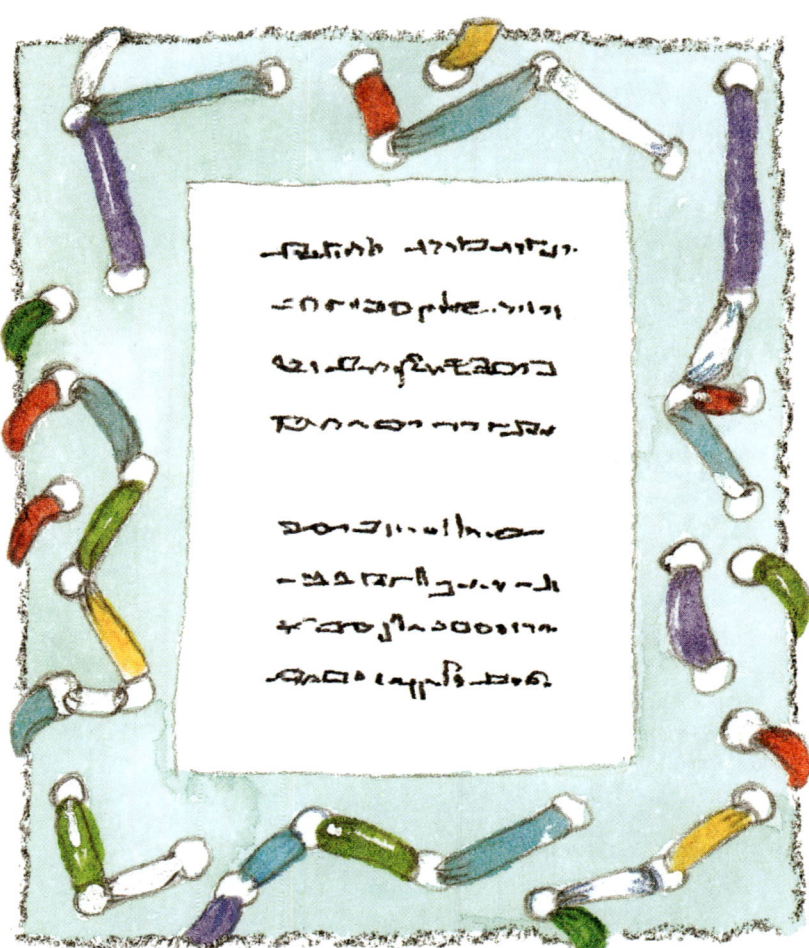

Kerzenlicht

Im Herbst und Winter oder bei trübem Wetter macht Kerzenlicht besonders gute Laune.

Du brauchst

leere Gläser, Teelichter, Glasmalfarben, Pinsel

1. Male die Gläser von außen an.
2. Stelle Teelichter in die Gläser.

Du kannst für jeden aus deiner Familie ein Licht basteln. Stell die Kerzen auf den Tisch und zündet sie gemeinsam an, wenn alle am Tisch sitzen.

50 Herzlich willkommen!

Bald, ihr Kinder, wirds was geben,
bald, da werden wir uns freun.
Welch ein Jubel, welch ein Leben
wird in unsrem Hause sein.

Olga wohnt noch nicht lange in Deutschland. Heute ist sie das erste Mal bei Susi zu Besuch. Olga ist noch ein bisschen schüchtern. Aber alle aus Susis Familie sind sehr freundlich zu ihr. Bald fühlt Olga sich wohl, fast wie zu Hause!

Kommen wir in ein fremdes Haus oder Land, müssen wir uns erst an die neue Umgebung gewöhnen. Wenn die anderen uns freundlich empfangen und akzeptieren, wie wir sind, fühlen wir uns schnell wohl. Für Kinder ist es wichtig, am Beispiel von Erwachsenen Gastfreundschaft, Freundlichkeit und Toleranz zu erleben – und Gäste entsprechend willkommen zu heißen.

Jetzt du!

- Besuchst du gerne andere Leute?
  Wo fühlst du dich wohl? Und warum?
  Wann fühlst du dich nicht wohl?
- Hast du schon einmal woanders übernachtet?
  Wie war das?
- Was kannst du tun, damit sich Besuch bei dir wohl fühlt?
- Auf welche Gäste freust du dich besonders?

Eine Geschichte

Der verlorene Sohn

Ein Mann hatte zwei Söhne. Eines Tages bat der jüngere Sohn seinen Vater um das Geld, das ihm als Erbe zustand, und ging fort.

Der Sohn vergnügte sich und gab das ganze Geld aus – bis er nichts mehr hatte. Da musste er als Schweinehirt arbeiten. Mit der Zeit wurde er immer einsamer und trauriger und bereute zutiefst, was er getan hatte. „Ich werde nach Hause gehen und meinen Vater um Verzeihung bitten", überlegte er. „Ich bin es nicht mehr wert, sein Sohn zu sein. Aber vielleicht darf ich für ihn arbeiten." Und er machte sich auf den Weg.

Als der Vater den Sohn von weitem kommen sah, lief er ihm entgegen und umarmte ihn vor lauter Glück. Er hatte den verlorenen Sohn wieder.

„Verzeih mir", bat der Sohn. „Und lass mich dein Knecht sein."

Der Vater aber sagte: „Gebt ihm das beste Kleid und Schuhe an die Füße. Bereitet ein Fest für meinen Sohn. Er ist nach Hause gekommen." Darüber ärgerte sich der ältere Sohn.

Da sagte ihm der Vater: „Mein Sohn, alles, was mein ist, ist dein. Und nun freu dich mit mir. Denn dein Bruder, der verloren war, ist wiedergefunden."

◎ Der verlorene Sohn war ein ganz besonderer Gast. Warum hat sich der Vater so sehr über ihn gefreut? Was hat der Vater getan, damit sich der verlorene Sohn wohl fühlte?

Basteln

Adventskalender

Advent heißt Ankunft. Im Advent warten die Menschen auf die Ankunft des Jesuskindes. Wenn wir auf etwas warten, vergeht die Zeit oft nur langsam. Mit einem Adventskalender verkürzt du dir das Warten auf Weihnachten.

Du brauchst

24 x Karton oder festes Papier (etwa 10 x 30 cm), Pauspapier, Schere, Klebstoff, buntes Papier, 24 Wäscheklammern, Buntstifte, Band oder Schnur

1. Falte die Kartonstücke der Länge nach.
2. Fertige eine Schablone nach der Vorlage von Seite 124 an. Übertrage die Strumpfform auf alle 24 Kartons.
3. Schneide die Strumpfform aus. Klebe immer zwei Teile an den Rändern zusammen, so dass du in die Mitte etwas hineinfüllen kannst.
4. Außen beklebst du die Strümpfe mit buntem Papier oder du bemalst sie.
5. Schreibe auf die Wäscheklammern die Zahlen 1 bis 24. Du kannst auch Schildchen mit Zahlen auf die Wäscheklammern kleben.
6. Überlege mit deiner Familie, wo der Adventskalender hängen soll. Dort befestigt ihr ein Band oder eine Schnur und hängt die Strümpfe der Reihe nach mit den Klammern daran.
7. Jetzt können die Strümpfe mit Überraschungen gefüllt werden!

Kennst du jemanden, der neu in unserem Land ist? Mit einem Adventskalender kannst du ihm sagen: Schön, dass du da bist!

Vorlagen

Hier findest du Vorlagen zu den Bastelideen und Mitmachaktionen in diesem Buch. Du kannst sie abpausen, abmalen oder fotokopieren.

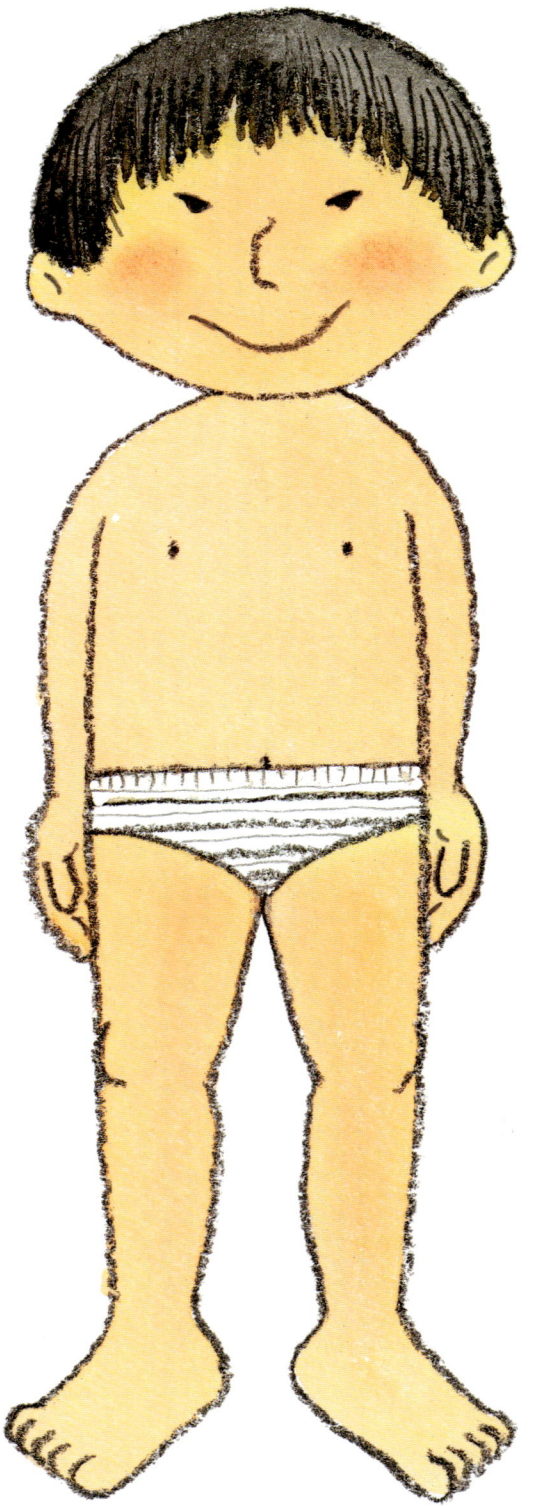

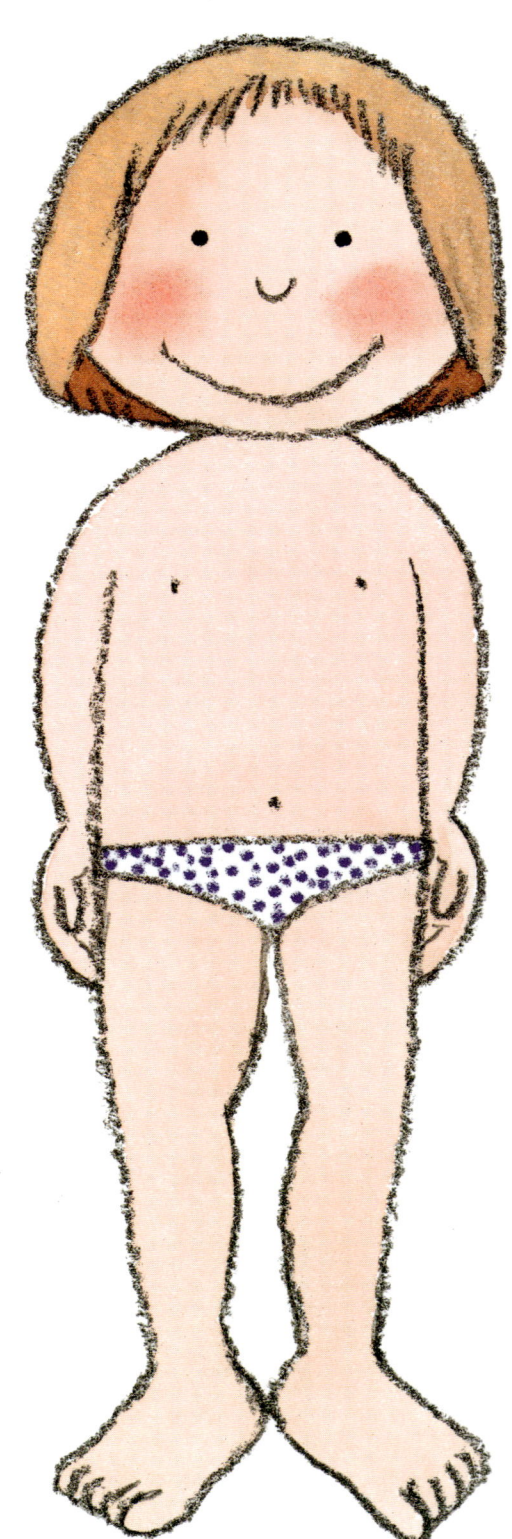

Anziehkleider aus Papier, Seite 15

Leuchtsterne, Seite 19

Anziehkleider aus Papier, Seite 15

Anziehkleider aus Papier, Seite 15

In einer anderen Haut, Seite 55

Der großzügige Baum: Vorhang auf, Seite 59

Brote und Fische, Seite 39

Angelspiel, Seite 73

Rot: bitte nicht stören!, Seite 81

Adventskalender, Seite 109

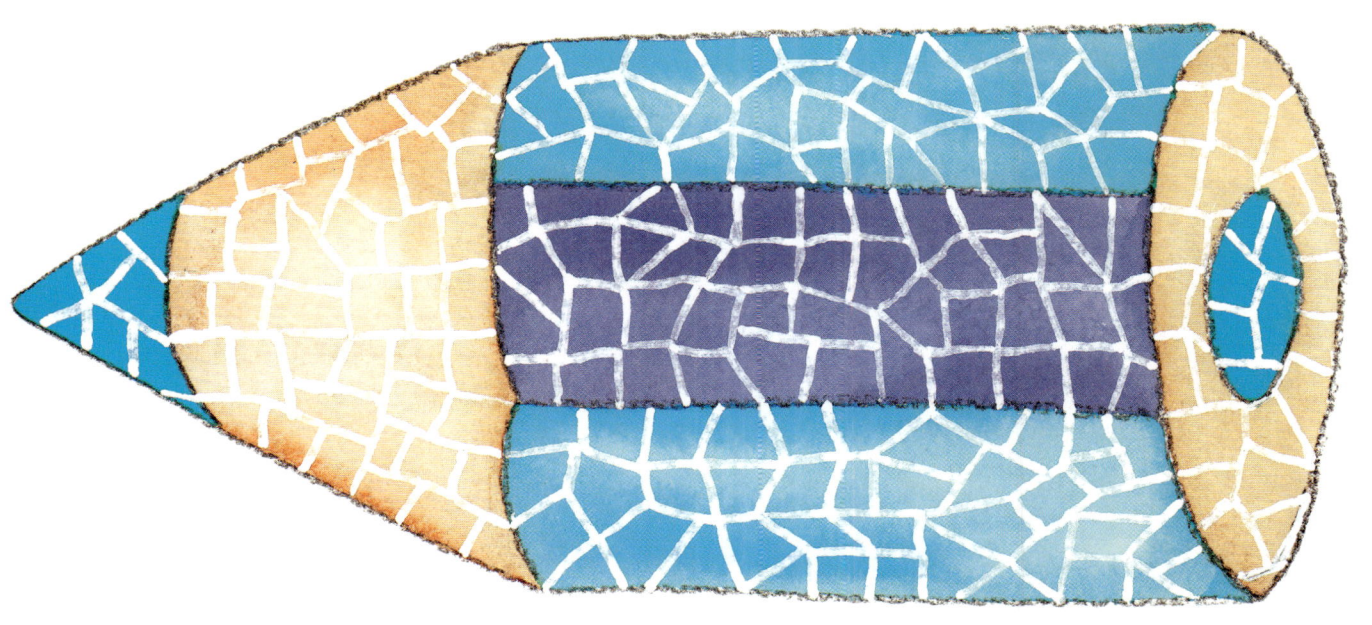

Stein an Stein, Seite 67